启真馆 出品

Why Growth Matters

How Economic Growth in India
Reduced Poverty and the Lessons
for Other Developing Countries

增长为什么重要

来自当代印度的发展经验

[美]贾格迪什·巴格瓦蒂　阿尔温德·帕纳格里亚　著

王志毅　译

ZHEJIANG UNIVERSITY PRESS
浙江大学出版社

目录

第三部分　第二类改革，更有效和更具包容性的再分配

序

当发展经济学家们在 20 世纪 50 年代开始考虑哪些国家会脱颖而出，成为其他发展中国家的发展榜样时，他们拿印度和中国打赌。在长久沉睡之后，巨人们要觉醒了。

印度在一些方面呈现不足，但在另一些方面享有优势：印度继承了极好的公务员制度、非常独立的司法体系、相对自由的媒体，而且还有为独立而奋斗的政治家们将社会利益置于个人好处之上。这些现在被称作制度的特征是良善治理的根本要素，而在绝大多数"二战"后独立的国家中，这些特征是相当罕见的。

农学家 Rene Dumont 在《非洲的错误开始》一书中，将从法国手中接管权力的非洲统治者的生活方式与波旁王朝的法国宫廷相提并论！事实上，很快印度就成了后殖民时期的发展中大国中唯一的民主国家，且就算用现在的自由选举、自由出版和独立司法体系来衡量其"自由"民主时也是如此。发展经济学家很少会忽视印度的政治"例外"对经济的有利一面。

相反，中国则是从长征和激烈的内战中摆脱出来的。如果说斯大林时期的苏联提供了什么指引的话，那就是增长的未来中布满了政治的不确定性。事实上，三年困难时期和"文革"的剧变加重了人们对此的怀疑。直到1980年，中国这个巨人还没有觉醒，它仍然在沉睡。

可是，20世纪50年代的发展经济学家们仍然认为中国的前景要好过印度。为什么呢？理由是发展经济学家们总是用简单的模型来做出关于发展产出的判断。那个时候，在经济学家们所广泛赞同的发展模式中，增长依赖于两个参数：你储蓄（投资）了多少以及你从这样的投资中产出了多少。他们习惯于假定储蓄率可以随着政策操纵——典型的是政府能够利用税收来提高国内储蓄率——而改变，而且投资生产率（反映为资本产出率）不会发生重大的变动，可以视为基准。

所以，由于生产力要素是中性的，可以推断印度将会败给中国，因为印度无法像中国那样通过税收机制来提高储蓄率，并通过严厉的手段释出储蓄——也即马克思主义者所说的剩余。①印度将在这场竞赛中输给中国。

不过在20世纪50年代，由于印度是民主政体，西方国家会提供支持以对抗当时的中国。②印度在储蓄上无法跟中国相比，只能通过西方国家的援助来提高储蓄率及相应的投资。

那么，印度成了一个外援的接收国，应当能实现快速增长了。事实并非如此。印度巨人也仍然处于沉睡中。

在这差不多30年中，印度和中国都无法快速增长：中国是由于政治原因而实行教条主义的经济政策，要求经济上的自给自足和严格控制。印度则

---

① 我们后面会涉及的东亚经验表明，由于可营利投资机会的增加，最终私人储蓄率也会提高。这个讨论完全基于征税提高公共储蓄的能力。

② 差不多西方所有20世纪50年代和20世纪60年代初的发展经济学家都支持印度的成功，其中包括发展经济学的先锋人员，如 Paul Rosenstein-Rodan。他们对印度的"热恋"体现在著作以及想通过各种项目在印度工作的意愿中，其中最著名的便是 MIT 项目，让 MIT 经济学家 Richard Eckaus 和 Louis Lefeber，以及 Ian Little（牛津）、Brian Reddaway（剑桥）、Trevor Swan（澳大利亚国立大学）到新德里工作。其他还包括 George Rosen 和 Wilfred Malenbaum。

是由于灾难性的经济政策破坏了其投资所得的生产力。[1]

生产力与增长

印度的增长率非常糟糕，这是因为上述基本设想——增加投资所带来的生产力是个技术问题——是错误的。国内储蓄确实形成了[2]，但增长远低于预期。投资增长主要集中于公共部门，其生产率低迷不前。复杂的管制体制束缚了那些本来应该很有活力的印度企业家。结果便是持续的低增长率，直到 20 世纪 80 年代初步实施改革，到了 1991 年则全面铺开（见图 1）。

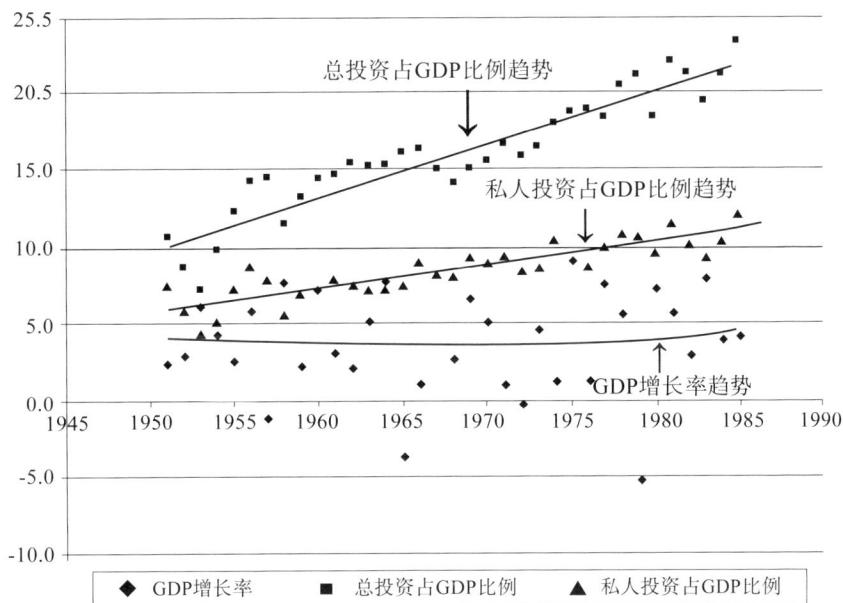

图1 印度：尽管每单位GDP的投资率不断增长，但增长率仍旧低迷

来源：基于印度经济统计手册，2012，印度储备银行，孟买

印度的状况类似于 20 世纪 70 年代和 80 年代的苏联，储蓄和投资率很高，

---

① 中国的自给自足政策是由于站在苏联阵营一方，隔绝于世界经济之外。印度实施自给自足政策则是由于错误的经济教条，而非意识形态原因。

② 有人认为外援的流入反而逆向地降低了国内储蓄率。但 Bhagwati 和 Srinivasan（1975）的分析认为并非如此。

而且不断增加，但增长率却下降（见图 2）：流血、流汗、流泪，却没有看到成效。断层的原因在于苏式体系没有将投资用于生产。这要归因于中央计划经济的大手，以及由于"生产工具"的普遍公有制，人们缺乏激励来进行生产和创新。

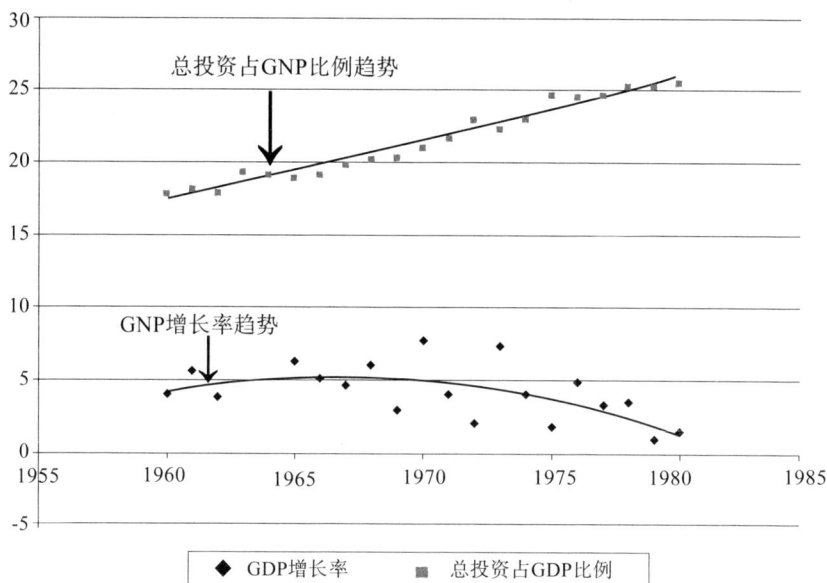

图2　苏联：疯狂的投资，差劲的增长

来源：基于 Desai, Padma, 1987, *The Soviet Economic Slowdown: Problems and Prospects,* Oxford: Basil Blackwell

　　相反，东亚经济的特点是有极高的投资率，而且投资生产率也很高，产生了异乎寻常的高增长率，常常被称为"经济奇迹"（见图 3）。投资与超常的出口表现紧密相连，这又导致了对先进技术设备的进口需求。[①]

---

① 见 Bhagwati, "The Miracle That Did Happen: Understanding East Asia in Comparative Perspective", 1996；reprinted in Bhagwati（1999）。苏联和东亚在投资生产率上的截然相反，让许多人并不赞成克鲁格曼所宣称的东亚经济将步苏联后尘的论调，因为投资积累会导致东亚的收益率递减。最后，东亚经济崩溃的状况并不如克鲁格曼所说的那样缓慢形成，而是突然而至的，是因为在还不成熟的情况下突然开放资本流动造成了巨量资本流入，以及随后的资本流出所造成的。

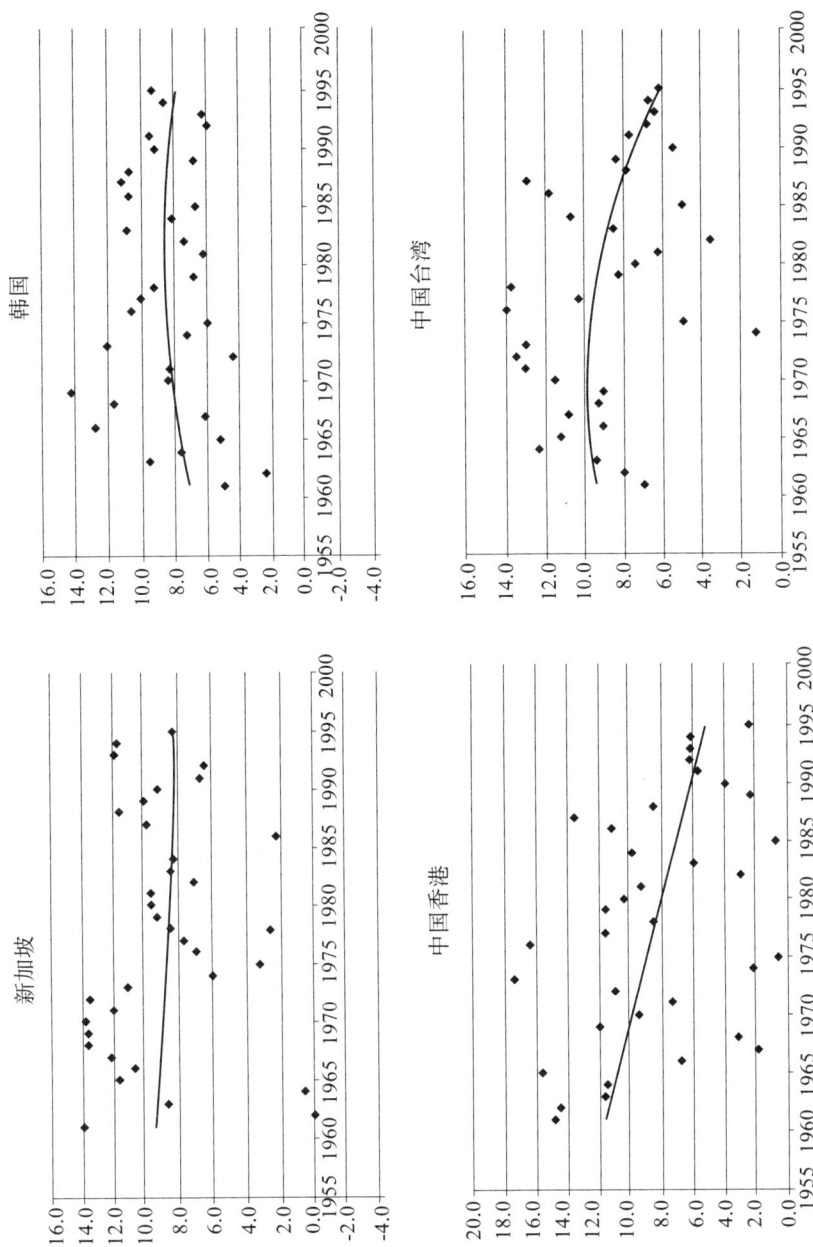

图3 韩国、中国台湾、新加坡和中国香港在20世纪60年代和20世纪70年代的高增长率

来源：基于 World Bank's World Development Indicators online（2012 年 11 月 14 日访问）

经济政策与生产力

那么，导致印度在 1950 年到 1980 年的近 30 年间年均增长率只有 3.5% 的基本因素是什么呢？最主要的有四个原因：[①]

1. 存在广泛的控制私人投资与生产的体系。比如说，产业牌照管制了生产的扩张，甚至包括生产的多元化[②]；进口牌照管制了所有的进口；投资牌照则管制了新的产能扩大。这种卡夫卡迷宫式的管制手段扼杀了创新、生产和投资，而且导致了无效率，因为在实质上，不存在由于进口和国内新企业所产生的有效竞争。

2. 公共部门不断地扩张，甚至在传统领域（如公共设施）之外的许多活动中也形成了垄断。结果，这些公共企业当然造成了无效生产，而相关损失又增加了国家的税收负担。[③]

3. 基于自给自足的迷思来决定贸易政策。通过牌照制度，国内生产自动得到了保护。贸易经济学家 W. Max Corden 称之为"定制"保护。

4. 相似的，印度也控制了直接的外国投资，导致这个时期的外国直接投资量降到极低点。当改革于 1991 年启动时，当时的外国直接投资总共只有 1 亿美元左右，以印度这样的大国规模来看几乎是不可思议的。

在这些断送增长的政策背后有两件荒唐之事：

第一，经济活动中政府的大手无所不在，以至于我们中的一位作者将 20 世纪 90 年代初改革之前印度（和其他许多发展中国家）的问题归结为找不到亚当·斯密"看不见的手"。

[①] Panagariya（2008，第 2—4 章）提供了大量关于印度发展前 30 年的管制政策的文件。

[②] 这意味着一个有生产 10 万辆汽车许可证的制造商不能利用它的产量来生产卡车。

[③] 当然，在经济理论上，经济学家可以证明市场亏损是相容于社会所得的。不过一些印度经济学家，如阿马蒂亚·森在 20 世纪 80 年代初便指出，简单体现在高效生产中的公共部门企业损失，是源于其垄断地位和政治机构的臃肿。加尔布雷思对这一不愉快的现实深有认识，当他在肯尼迪总统任内担任驻印度大使时，将这种状况描述为"邮局社会主义"。

经济学家斯蒂格利茨和金融家索罗斯谈到在自由化改革时认为它们实践了"市场原教旨主义"。可事实上，印度的改革是实用主义的做法，从根本没有市场、毫无效率和增长的糟糕情况，走到了只能称为"反市场原教旨主义"的路上。

第二，反生产的政策框架也造成了闭关自守的贸易环境，以及对外国直接投资的敌视，这意味着印度远离了世界经济的一体化，也就无法利用这样的一体化来获得重大利益。[①]贸易自给自足论的支持者，如智利社会主义者 Oswaldo Sunkel 的观点是"融入跨国经济会导致本国经济的分崩离析"。这种贸易开放会导致负面冲击的观点被证明是完全错误的。

东亚的良好经验有部分（如在新加坡和中国台湾）建构于支持外国直接投资的政策，外国直接投资产生了多重的良性效应，如令本土企业也获得了相应的专门技术。不过韩国并非如此，它是模仿日本的替代政策，用进口替代的办法获得技术。印度则两方面都没有做好。由于对外国直接投资的普遍怀疑以及缺乏积极的技术进口政策，印度没有获得任何利益。

改革后的增长

改革所导致的印度增长之路与巴西在卡多佐总统之后的情况几乎如出一辙，卡多佐是一位认为全球化将导致国家成为附属（这就是著名的"附属国"理论）的学院型社会学家，却领导巴西走向了全球化。同样的情况也在20 世纪 70 年代末到 80 年代初的中国出现了。

丹尼·罗德里克（Dani Rodrik）等一些经济学家认为这些经济体即便在拥抱反贸易政策并否定市场的时候仍然取得了增长，因此不能把成功归因于自由化与支持贸易的改革。但这个观点颇为空洞，因为没有一个这种反贸易政策能在长时期内维持快速增长的实例。或许苏联有一度是如此，在差不

---

① 许多经验研究利用大量战后发展中国家和发达国家的数据，挖掘了增长与开放之间的正向关系。特别可参见 Panagariya（2004）。当然该项研究只建立了相关性，尚未探讨贸易是否能解释增长，还是正相反。但它确实说明了抑制贸易的政策也会抑制增长。其他研究中最有名的如 Frankel 和 Rose（2002），则建立了从贸易到人均所得之间的因果关系。

多 20 年中维持了高增长率，但接着便持续地衰退。自给自足再加上缺少以市场为基础的激励机制，将经济埋葬殆尽。

俗话说，经济学家从不赞成任何事情，不过已故的剑桥激进经济学家琼·罗宾逊很欣赏改革开放前的中国，主流的耶鲁经济学家盖斯·拉尼斯（Gus Ranis）则令人惊讶地赞同韩国的傲人成就。结果当她在思考韩国的时候，头脑中浮现的却是朝鲜。按这样的逻辑前进，她的思考当然是错误的。朝鲜的自给自足和高度反市场发展战略可以制造导弹与核武器，却无法维持总体增长。韩国所进行的"自由化改革"则保持了稳定的增长。

中国在 20 世纪 70 年代末到 80 年代初的增长也是由于废除了人民公社，并引入对农民的激励制度。接着，由于持续的贸易开放和国外投资，东南沿海的广东省出现了海量的出口扩张，大量的外国直接投资流入和技术吸收导致了中国收入和增长率的提高。通过引入支持市场的政策，并取消经济内部对贸易和外国直接投资不利的激励政策，中国远离了反市场原教旨主义，提高了生产力，促进了经济增长。

东亚奇迹同样基于外向型贸易。在有技巧地融入世纪经济之后，出口实现了极高速的增长。当印度还在实施准自给自足政策的 20 世纪 60 年代和 20 世纪 70 年代时，东亚经济已经越来越全球化了。[1]结果，印度的工业被限缩于国内需求。这意味着对工业投资的需求局限于国内农业收入的扩张。但由于从历史经验看，农业的增长很难持续超过 4%，因此，东亚决定扩张外国市场也就意味着刺激投资所受的约束较少。投资的大范围扩张和出口增长带来的另一面是，东亚经济也能够生产包含了先进技术的资本品。

不过，仅这一点还不足以产生高额的收益及与此相关的经济增长。要借助新技术获得最大的产出，劳动力必须接受足够的教育，才能使用先进机械。否则的话，技术进步并不能结出美好的果实。举例来说，老年人有了一台最先进的 DVD 播放器，但他只会用遥控器按"Start"和"Stop"键，那

---

[1] Panagariya（2008，第 6 章）比较了 20 世纪 60 年代和 20 世纪 70 年代的印度与韩国，表明贸易开放对后者的成功至关重要，而自给自足的贸易政策则是前者投资效率低落及因此增长低迷的关键原因。

么这台 DVD 播放器的生产力就和老旧的型号一样。东亚幸运地拥有包括初等与中等的义务教育制度——这可能要部分归因于日本对这些地区的占领，以及日本在教育大众方面的传统，参见日本大作家谷崎润一郎的自传（1988）——使得当地人民具有极高水平的读写能力。此外，像新加坡和中国香港这样的地区，能够自由地引进高素质人力弥补本土技术人员的不足，同时将本土人民送到海外的顶尖大学接受技能教育，再以高薪吸引他们回国。对贸易和外国直接投资持欢迎的态度，加上数量庞大且有生产力的投资率，进口包含了专门技术的设备，以及在受到良好教育的人群中实施提供额外激励与奖励的政策，创造出了一个产生东亚奇迹的良性循环。但这一现象的核心则是外向型贸易。

中国、印度和东亚的经验——它们的人口加起来接近世界总人口的一半——展现了通过融入世界经济，并熟练地利用市场激励以指导生产和投资，如何能够刺激和维持增长。[①]反过来，它们也提出了如何摆脱破坏经济的政策框架。

有三点忠告必须牢记于心。第一，产生繁荣的是自由化的政策框架而非自由至上主义（libertarian），也非某种"市场原教旨主义"。它也容纳环境方面的目标，如通过提供价格工具（排放税）来代替直接的排放物数量控制，以减少国内污染。如果生产者可以直接将污染物排入湖泊河流，那就会导致过度生产，因为生产者的私人成本显然低于社会成本，忽视了对环境的伤害。因此我们需要对污染者征税，增加排放污染者的成本。分析这个问题的正确角度是，我们在污染方面存在一个"失踪的市场"，而征税则是找到了这个市场。要把它当成合理政策框架的一部分，你不必非得成为一个市场的狂热鼓吹者。

第二，贸易开放只是一个赋权机制。如果其他国内政策妨碍了对贸易机会的利用，那么贸易所得便相当微薄了。而如果国内对生产和贸易的限制

---

① Panagariya（2011c）近来又重新研究了 20 世纪 60 年代和 20 世纪 70 年代的台湾地区的奇迹，回击了如 Rodrik（1995）和 Wade（1990）等人的许多批评，并表明贸易开放再加上相补充的一整套市场友好型内部政策是关键所在。

影响了对出口产能的投资，任何贸易开放都会失败；要是资源无法流向新的或旧的出口产业，就没有办法获得实质性的贸易收益。用一个恰当的比喻来说，要是门开着，但你不迈开腿，就永远过不了那道门。

第三，所谓的"华盛顿共识"很大程度上就是要改变反生产的政策框架。这不过是华盛顿自负而已。发展战略之所以改变，并不是因为华盛顿的某个机构（如布雷顿森林体系或美国财政部），而是由于对自给自足和粗暴干涉经济的政策的理论研究与实际分析。华盛顿的机构（主要是世界银行）为了合理的发展战略所开出的药方并没有包容这些想法。

在 20 世纪的最后 25 年，三个极其重要的国家——印度、苏联和中国改变了那些基于反市场原教旨主义和内向型自给自足政策的错误思路。如我们后面将讨论的，这些改变是自发的，而非华盛顿所强迫。公众和 / 或政治家们意识到"老"模式——斯蒂格利茨和索罗斯称之为"侏罗纪公园经济学"——已经不管用了，必须进行全面的改革。[1]在反改革人士当中，"华盛顿共识"也是个流行词，因为这暗示自由化改革的背后有美国的影子，令反改革人士认为反美帝国主义的力量在消退中。

在那些反对自由化改革的人士当中，现在很流行用"北京共识"来替代"华盛顿共识"，这个有点空洞的概念是想表明自由化发展战略已经被中国非常成功的国有主导型和国家驱动型发展模式所替代。[2]

虽然中国的出口导向型政策表明，自由发展模式的一个要素（开放贸易）也是中国发展模式的一部分，但中国经济与政治的许多特征却引起了人们的疑虑。大量国有企业的存在并不仅是让政府能够控制这些企业，它还夹带了腐败和裙带关系。随着老百姓对腐败的痛恨，以及希望从快速经济成长分得更多利益，这样的模式很难持续。因此尽管中国的增长很快，但其可持续性却受到质疑。[3]中国的政治和经济混合的特色很难为其他发展中国家所效仿。

---

① 见第 6 章。
② 这个词汇是由前记者 Joshua Cooper Ramos 于 2004 年在英国的外交政策中心首先提出的。
③ 中国增长率应当会下降的其他经济理由，如劳动力变得稀缺，可参见 Bhagwati（2011a）。

增长与贫穷

如我们在本书中所指出的，印度的自由化政策与改革确实带来了增长。但仍有批评者认为这种增长是没有"包容性"的，它没有减少贫困，也没能让社会的边缘群体得益。经常有人指出应采纳再分配政策。这听上去很合理，但是根据印度和其他东亚国家的经验，事实并非如此。[①]

在 1980 年，专研贫困问题的经济学家盖瑞·菲尔茨（Gary Fields）将印度描述为一个"悲惨的贫穷国家"。但随着改革的开展，尤其是 1991 年之后，糟糕的经济换上了强大的增长引擎，贫困率也降到了这个国家有史以来的最低点。由于印度是在同样的民主框架下，先采取命令型和自给自足的政策，然后又摆脱这些政策走向市场化和全球化的，因此它的经验能够为那些发展中国家制定发展战略，以及为旨在消灭发展中国家贫穷的政府援助和非政府组织提供经验。

常识告诉我们，快速增长的经济会创造更多的工作机会，为穷人摆脱贫困提供机会，而增长缓慢的经济则做不到这一点。贫穷而停滞的经济无法向穷人提供额外的工作。鼓吹增长的人们常常会面临"涓滴"经济学的失灵，就听上去像是诺丁汉伯爵与他的侍臣们在豪奢的餐桌上大啃鹿肉和烤羊腿，面包屑则掉到地上被农奴和狗吃掉。我们不关心概念或类比。我们用现在流行的"拉动"增长战略一词，它的描述更为准确：一整套激进的政策加速了增长，并将穷人拉动到更好的就业中。事实上，随着 1991 年危机后所启动的系统性改革，印度的增长迅速，同时也降低了贫困率。正如我们所表明的，边缘群体也分享到了好处，而且民意测验表明，这些群体认为自己的生活水平变好了。[②]

---

① 东亚和印度在资本流入自由的经验上有差异。东亚被资本自由所击溃，印度则由于在这方面的谨慎而受益。和中国一样，印度的谨慎是有道理的，且现在获得了普遍的赞同。IMF 赞成资本账户的可兑换性，Bhagwati 在发表于 *Foreign Affairs* 的一篇被广泛征引的文章中指出，这会导致自由贸易和自由资本流动之间的不对称性，现在该政策已经被放弃。参见 Bhagwati 2011 年 3 月 9 日贴于 *World Affairs Journal* 博客上的文章；该文修订后又于 2011 年 4 月 15 日贴在哥伦比亚大学网站上，题为 "IMF Does *Mea Culpa* After All"（www.columbia.edu/~jb38）。
② 见第 3 章。

那么是什么机制产生了这样的效果呢？巴格瓦蒂认为从差不多 25 年前起，增长创造了更多的工作（在农业部门内部）和获得更高收入的机会（比如说，移居到不断扩大的城市），直接帮助穷人跨过了贫困线，同时政府也获得了更多的收入，能够更多的支出在医疗、教育和其他进一步帮助穷人的项目上。[1]因此，增长以双倍的力量消灭贫穷。

前改革时期的政策没有实现增长，断送了任何试图通过增长来减少贫穷的可能。缓慢的增长无法产生更多的收入，在提供医疗和教育方面的开支方面也就捉襟见肘。

为什么印度政府不通过提高税收或转移开支（如军费）来获得所需费用呢？巴基斯坦学者马赫布卜·乌尔·哈克（Mahbub ul Haq）常常提醒我们，计算表明减少一辆军用坦克可以建设 7 所小学，但他所加入的齐亚·乌尔·哈克（Zia ul Haq）内阁却从没有减少过军费，伊斯兰主义高举，却忽视人们的教育。数学计算不能解决缺乏资源的问题；只有采用促进增长的增长才可以。

此外，提高税率在民主国家中总是不受欢迎的。披头士的歌曲《税务官》精确地抓住了人们怨恨缴税（除非是让别人缴）的心情：

> 让我告诉你，结果将会如何
> 一份给你，十九份给我
> 因为我是税务官，对，我是税务官
>
> 留下 5% 太少了吗
> 感谢我没全拿走吧
> 因为我是税务官，对，我是税务官
> 如果你开车，我要对街道征税
> 如果你坐下，我要对位置征税
> 如果你太冷，我要对热量征税
> 如果你走路，我要对双脚征税

---

① 见 Bhagwati（1988）。

最后一节说明了一切：

> 现在我要告诉那些死者
> 报上合眼前的每一便士
> 因为我是税务官，对，我是税务官
> 你只为我一人工作

正如印度自 1991 年起的改革所经历的，增长可以在不必提高税率的情况下增加政府收入。我们的分析表明，从那时起，印度政府才找到了足够的钱以支付医疗、教育和其他帮助穷人的项目。

与增长不同，再分配并不能消除贫穷。在如印度、中国和巴西这样的国家，穷人的数量极大，这意味着再分配的作用相当有限，而且也无法持续。一个农民一天只能得到一份麦饼（chappati）或玉米煎饼（burrito）；伟大的波兰共产主义经济学家卡莱茨基（Kalecki）在 1962 年就曾说过，印度的问题是"有太多的被剥削者和太少的剥削者"。要把饼做大，增长是必需的。①

我们在本书还讨论到，尽管印度的增长是有包容性的，但由于印度的政策框架歧视数量庞大的企业，并且严格的劳动管制妨碍了雇佣更多劳动力，增长所带来的好处没有像东亚经济国家那么明显。简单来说，如果能够进行进一步的改革，增长以及它的包容范围还能更为普遍。②改革在不断进行中。反生产的政策框架无处不在，而且要在民主框架中进行改革是相当艰难的，我们将此描述为"海啸后的清理"。

第一类改革与第二类改革

我们把能够产生增长并且直接减少贫穷的改革称为第一类改革。而那些旨在提供医疗、教育和其他诸如农村地区的保证雇用制度等需要不断增加

---

① 显然，这对于如沙特阿拉伯这样富得流油的国家来说，根本不是问题。但这又常常带来另一个问题——"资源诅咒"。

② 见第 8 章。

收入才能执行的改革，我们则称之为第二类改革。第二类改革必须站在第一类改革的肩膀上；没有后者，前者是无力开展的。印度的经验表明，随着自1991年开始的第一类改革，收入的不断增长使得这个国家能够大规模地实施第二类改革。

有趣的是，第一类改革增加收入并使得第二类改革能够实施的顺序也可以巴西为例来观察。巴西的卡多佐总统实施了第一类改革，继任者路易斯·卢拉（Luiz Lula）站在卡多佐的肩膀上，实施第二类改革以进一步帮助穷人。

第二类改革所牵涉的是整体社会工程，其中某些医疗和教育的话题会在第16章和第17章加以详述；它们是今天通过有智慧地利用新增收入（这也包括外援的流入）帮助穷人脱离贫困以及享受福利的关键所在。我们希望表明，帮助穷人脱离贫困这项任务是多维度的，但它们都围绕着作为核心战略的增长。

事实上，《经济学人》杂志2012年9月8日这一期的封面文章为《跨越（亚洲）大陆的各国正在建立福利国家——从西方的错误中汲取教训的机会》。这个故事就是关于第二类改革的。但它与增长并没有直接联系。在这期封面文章中，编辑发现，在第一类改革形成了长时间的增长之后，印度、中国和（程度稍低的）印度尼西亚等国开始转向第二类改革，这当然是可行的（前面已经谈到，巴西就是这样），因为第一类改革让它们国力大增。

有趣的是，与那些把增加的收入浪费在各种支出而非帮助穷人的国家相比，最鲜明地转向了第二类改革的国家正是印度。这表明印度的自由民主制度为将增加的收入转向第二类改革提供了政治机制保障。像韩国这样的国家在很长一段时间内增长极快，但只有在民主制度取代了威权体制之后，第二类改革才获得了加速的动力。中国的第二类改革也滞后于第一类改革。

印度为当代的改革提供了样板。增长随着第一类改革而至，不断增加的收入则用于第二类改革。借着这条路径，增长制造了双重魔法：将政治和经济联姻在了一起。事实上，这就是其他发展中国家的一个典范。

导论

圣雄甘地亲自挑选的印度首任总理尼赫鲁在国家宣布独立的"午夜时刻"（从 1947 年 8 月 14 日到 15 日的那一小时），作了可以载入史册的伟大演讲，以其独到的雄辩言辞发出肺腑之言，他没有找人代稿[1]，也没有使用在今天已经甚至对那些天才政治家也产生了负面影响的演讲提示器。[2]

他提到了独立运动所关乎的所有重要主题，提出了独立印度的未来领袖所担负的任务与构设的愿景。他特别指出了印度之命运所依赖的两大

---

[1] 温斯顿·丘吉尔的演讲稿是自己写的；Birkenhead 勋爵评论道："温斯顿把最好的年华用在写作现场演讲上。"相反，肯尼迪总统则靠 Ted Sorenson 的帮助。

[2] 有趣的是，奥巴马总统就是以使用提词器而闻名，他的精彩演说帮他赢得了白宫。这也意味着如果他念错名字，显然是因为他的演讲撰写者弄错了名字拼写。他已经出现过好几次这样的情况，包括在印度国会所发表的演讲。这也让国会成员警告巴格瓦蒂（他几周后也要在国会演讲），不要念稿子，要从内心出发即席演讲，带着智慧和幽默。奥巴马在访问日本时也念错了名字。可以想象他念中文名字发音的恐怖前景！

支柱：民主的政治与消灭贫穷的经济。

在民主这方面，显然他所指的是最广泛意义上的概念，不仅仅是选举，而是整个自由民主制度。他提醒听众们"我们的努力"应该是"建立一个繁荣、民主和进步的国家，创造社会、经济和政治制度来确保每一个男人和女人都能拥有正义和完整的生命"。①

在世俗生活方面，他重申了自己的看法，坚定地反对社会暴力（这种暴力后来很快吞没了整个次大陆，并要了甘地的性命），印度必须走向多种族和多宗教社会，"我们所有人，不管信奉哪种宗教，都是拥有平等权利和义务的印度子民。我们不能秉持地方自治或狭隘的心灵，因为思想或行动上狭隘的人民不可能成就伟大的国家"。

在消灭贫穷方面，他的着墨更为浓重。他本人出生于一个富裕家庭——他的父亲莫逊拉尔·尼赫鲁常常把衬衫寄到巴黎去洗熨——但尼赫鲁本人跟随甘地，致力于印度独立事业，行走于印度的广大农村，见识了真实的贫穷状况。所以他对印度苦难大众和这个国家如何能慷慨地照顾他们，以及甘地在面对这个挑战时的雄心壮志所进行的讨论是极为深刻的：

> 为印度服务意味着为印度数以百万计的受苦百姓服务。这就要消灭贫穷、无知、疾病和机会的平等。
>
> 我们的伟人（甘地）的雄心是擦干每一双眼睛中的泪水。或许这超越了我们的能力，但只要眼泪和苦难还在，我们的努力就不会停息。

不过最为讽刺的是，当印度建立民主制度，在刚自由的发展中国家中独树一帜的时候，它的经济战略却开始（自20世纪50年代末起）拥抱极为反生产力的政策框架，实现了极糟的增长率，对解决贫穷问题毫无帮助。

因此，虽然印度的民主"盈余"一开始便极为丰富，且只在最近才产生了痛苦的治理问题，但印度的经济却很快坠入了深渊，只有在1991年改革

---

① 变体字为特加。没有独立司法和自由媒体的选举制度是空洞的，尼赫鲁的世界观中显然熟悉这一点。

开放之后，印度的增长才摆脱了低谷，不断加速的增长率也开始显著地减少贫穷，为边缘群体带来财富。

印度在后独立时代政治与经济的"交叉"，便是我们分析印度在完成尼赫鲁于 1947 年独立之日所提出的种种任务方面表现如何的大背景。

不过虽然我们把政治问题放到了一边[①]，集中讨论 1991 年以来的印度经济改革以及将这些改革往前推进所面临的问题，但也不应忘记，当前印度政治的糟糕状况以及引起人们深思的治理危机同样与印度在 1991 年之前反生产力的经济政策框架有关系。

制度并不像许多人所想的那样是外生于政策的；它会随着政策所提供的激励的变化而变化。如我们后面会经常提到的，埋葬了印度经济的许可证制度同样也是印度政治腐败堕落的主要原因。政客们发现，他们可以通过将许可证发给送钱的申请人来赚钱，而资深官僚则能够享受许可制度带给他们的权力与影响力。很明显，经济政策拖累了印度政治制度的效率（而这应该是"自由"民主的定义所在）。

因此，尼赫鲁的著名演讲《与命运约会》将民主政治与消灭贫穷的经济连接在一起，是非常准确的。同时这也为我们提供了一个经济分析的开放主题：尼赫鲁式的社会主义定义了 1947 年独立后印度的政治与经济。它还另外指出了一条道路，让我们挑战与解构围绕着尼赫鲁的理念和政策，以及印度最初在消灭贫穷以及为穷人和其他弱势群体提供医疗保险和教育方面所建构的神话。

在下面的章节中，我们会揭穿这些神话，并清除对印度改革的权威批评的最后残骸。这将为我们接下来分析如何拓宽与深化今天的改革提供了基石。

我们强调得还不够的是，尽管我们分析的是印度的发展经验，以及增长在消灭贫穷方面的决定性作用，但它也能为援助与发展机构，如持续致力于

---

① 在这方面我们已经写了大量文章。特别见 Bhagwati（2011），Panagariya（2011e，2011g）和 Gupta 和 Panagariya（2011a，2011b，2012）。

贫穷问题的非政府组织提供经验教训。

印度的经验也清楚地表明，反市场原教旨主义和自给自足政策必然会拖垮经济，从而关闭能够加速扶助贫穷的最强有力手段。

第一部分　揭穿神话

第一章　印度的社会主义以及增长与贫穷的神话

如果我们只将资源用到国家现有的产业上（这些产业也许是对国家有益的），目前我们就剩不下什么资源了，而且这也会宠坏私有企业。因此，国家应当集中于某些特殊的、重大的新产业，而不是将许多旧产业加以国有化，尽管如我前面所说，对某些关乎国计民生的重要产业是需要这么做的。

——尼赫鲁在新德里国民代表大会（立法机构）的演讲

1948 年 2 月 17 日

我很悲伤但并不惊讶地发现，有一些人批评"新印度政策"是反尼赫鲁的，这只表明了他们对尼赫鲁充满活力的思想一无所知，当他面对现在的经济大崩溃时，肯定会第一个站起来支持新印度政策。

——J. R. D. 塔塔，"Berlin Walls Should Fall"，*Times of India*，1991 年 8 月 1 日

尼赫鲁口中的社会主义（准确地说是费边社会主义）并没有完全主导和限制他所领导下的政策框架。事实上，本书作者之一巴格瓦蒂求学于剑桥，并受其导师琼·罗宾逊的影响，当他在 1961 年回到印度时，甚至还谴责整个政策框架在社会主义方面的不足。当他在印度计划委员会致力于扶贫工作时，认为 1954 年 12 月国会采纳为后来印度的社会与经济政策指导原则的"社会的社会主义模式"不过是"社会主义空话"。①

只有到了尼赫鲁的女儿英迪拉·甘地（Indira Gandhi）担任印度总理时，计划经济思路才开始在印度的政策框架中占据极为重要的位置。举例来说，英迪拉·甘地没有将现有的私有企业部门（包括跨国企业）国有化，而是改而通过在每个五年计划中不断提高投资比例，渐进的增加国有部门的相对份额。英迪拉·甘地一方面采用更为激进和迅速的国有化手段，另一方面则私人部门加以更严格的管制。

从 1969 年突然将印度最大的 14 家银行国有化开始，英迪拉·甘地在后面 4 年将保险公司、石油企业以及煤炭企业等都进行了国有化。同时，她还对付大型的私有企业（包括本土与外国的），以降低财富和经济力量的集中度。她强迫外国资本占企业的股份必须降到 40% 或更少；将大型的本土和外国企业的投资范围限缩到狭窄的 19 个资本密集型行业；规定大量劳动密集型产品只能由小企业生产；严格限制拥有城市土地的规模；以及限制大企业的裁员活动。为了进一步加强政府控制，她还将政府垄断延伸到一些新产品的进出口上。她还曾经尝试由政府来接管粮食的批发贸易，但后来不得不中途放弃，显然这超出了政府的能力。

印度的这次全面转向计划经济是不可持续的。在 1965 年到 1975 年间，人均收入增长率暴跌到 0.3%，私人最终消费的增长则更为缓慢。到了 20 世

---

① 见 Bhagwati 和 Desai（1975）。

纪 70 年代中期，不断扩张的政府管控堵上了几乎所有的增长之路，至少有一些政府内部的人士认识到需要改变这个体系。很快，一场在现有政策框架之下的零星自由化运动就上路了。

这场运动在整个 20 世纪 80 年代走走停停，拉吉夫·甘地就任总理时期，尤其是 1985—1986 年度和 1986—1987 年度间，速度有所加快。自由化运动，再加上大规模的财政赤字，提高了 20 世纪 80 年代的增长率。但由于赤字必须通过实质性的向外借款来实现，同时由于内向型政策，通过出口获得的收入无法偿还债务，到 1991 年便出现了收支平衡危机。这场危机为改革从某些特定领域转向全面和系统性的提供了机会。

改革首先起于人们对左翼知识分子的不满。在 20 世纪 70 年代的前半期，英迪拉·甘地实施她的中央计划经济政策时，这些知识分子通过传播关于印度在独立时所采取的发展战略的观点（实际上是神话）来论证这些政策的合理性。他们认为印度可以按自己的想法来实现增长，而且增长并不能减少贫穷。他们还坚持认为再分配是唯一有效的减少贫穷之道。这些观点可能在当代经过重新包装后断送改革，它与社会主义其实也相距甚远。

这些观点并没有提供任何有意义的选项，只是将人们从现实带到了幻想中。在 20 世纪 80 年代，中央计划经济的海浪（实际上是海啸）将印度经济远远抛离了快速增长的繁荣。印度领袖长期以来所做的根除贫穷的承诺也受阻于停滞的经济。只要没有被意识形态所蒙蔽的人都已经看清楚，英迪拉·甘地的道路并不会实现她所宣扬的动人口号：终结贫穷。

随着向"自由化"改革的转型，原来曾经诱导英迪拉·甘地走向中央计划经济的那些神话又开始复兴了。谴责自由化改革的心理需要是极为清晰的，因为他们所关注的，不是快速提高的经济增长率，还是最终消灭贫穷的目标。

事实上，这些神话各式各样，共同织成了一幅关于增长、贫穷和社会目标的精美挂毯。在这些冗长的赘述中，可以发现一个激扬的观点，那就是改革所解决的是增长而非贫穷或社会目标，而这种增长在任何方面都不是"包容性"的，因此改革会增加不平等，会滋生腐败，甚至会伤害在社会上处于弱势的表列种姓（Scheduled Caste）和表列部落（Scheduled Tribe）[①]。事实上，还有许多其他观点都会让人不禁觉得这些批评者是否由于意识形态和政治偏好而丧失了判断力。

这些神话以各种不同形式，在那些致力于通过外向型和市场化政策消灭贫穷的发展中国家无休止地重复出现。而且在国际论坛上，也有许多自吹自擂的发展专家和非政府组织鼓吹这些，搅乱了经济改革的道路。实际上，这些神话是非常有效的伤害和破坏改革的武器。因此，我们必须将它们挖掘出来，用逻辑和事实加以系统的驳斥。

[①] 表列种姓，即印度历史上所称的贱民或达利特。印度根据宪法的精神，用专门法律制订表列种姓和表列部落，以对这些历史上受压迫的种姓和部落提供保护。而且列入表列种姓和表列部落的人群，均可享受工作机会和高等教育方面的倾斜优惠。——译者注

第二章　关于早期发展战略的神话

英迪拉·甘地总理在 1966 年掌权时并没有持社会主义的主张。当时，国大党领袖中的右派团体（所谓的辛迪加派）控制了党的组织大权，而且在尼赫鲁的继任者拉尔·巴哈杜尔·夏斯特里总理突然去世后，正是他们挑选了英迪拉成为国家最高领袖。辛迪加的选择是基于两个考虑：英迪拉·甘地与尼赫鲁的关系将是 1967 年选举时的重大资产，而且她本人没有政治基础，这使得辛迪加能够通过代理人来控制这个国家。

但英迪拉·甘地证明了自己是一个坚定、雄心勃勃且手段高明的政治家。她联合了国大党中唯一愿意公开挑战辛迪加派的力量——党内的左翼力量，他们松散地集结于社会主义行动国大论坛之下，其中包括了一些年轻的热血分子，被称为少壮派。在就任总理的三年内，她成功地拔掉了辛迪加派，分离了国大党，并牢牢地控制了身边的派系。但这么做的时候，她也采纳了这些同盟者的方案。

这个方案就是著名的"十点计划"，包括了对银行的社会控制、保险公司的国有化、外贸的国有化、限制城市的收入与财富、缩紧对大型企业的控制，以及结束土邦以往的统治者所享有的特权和私用金（privy purse）。随着英迪拉·甘地不断推进这个方案，许多左翼知识分子开始传播关于印度过去20年发展战略的神话。

神话2.1 印度的政策设计师们将增长本身作为目标，而忽略了减少贫穷和其他"社会"目标

当英迪拉·甘地着手推动她的方案时，许多分析人士认为印度独立之后所启动的发展计划——从1951—1952年度到1955—1956年度的第一个五年计划——只追求增长本身，而忽略了贫穷问题。在1991年印度启动新一轮改革时，这种论调又死灰复燃了。

这个神话最终以某种形式写入了联合国开发计划署所出版的第一份人类发展报告（UNDP 1990）。在第104页中，报告指出："虽然测度国家产出与收入的先驱们强调社会问题的重要性，但经济增长却变成了'二战'后的主要关注点……人均GDP的增长率变成了唯一的发展指标。"报告又说："随着GNP在20世纪50年代和20世纪60年代成为发展的目标，提高个人福利的意愿有所消退。"

这个看法与印度及其他国家所发生的事实相去甚远。只有无知的批评者才会说，GNP在20世纪50年代和20世纪60年代成为"唯一的发展指标"，从而忽视了贫穷和其他相关"社会"目标。不仅是在更早的时代，就是在独立之后，包括第一个五年计划时期，增长在本质上都是实现"社会"目标（尤其是减少贫穷）的一个战略。而且没有任何证据表明，在20世纪50年代和20世纪60年代，印度的政策设计师们偏离了这些目标。事实上，从大量关于这些问题的评估报告，以及前三个五年计划对这些目标的额外关注中，倒是可以找到无数相反的证据。

独立后的印度领袖们早就想到并指出，增长是工具，减少贫穷才是目标。早在1947年独立之前的1938年，印度国大党就任命了一个由15人

组成，以尼赫鲁为主席的国家计划委员会，旨在制定一套独立后便可实施的发展战略。这个委员会的成员来自多个学科，而且都是相关领域的重要思想家。其中也包括三名经济学家。[①]

尼赫鲁在其不朽著作《印度的发现》（1946）中，对委员会提出的以增长为核心的战略作了非常精彩的说明："显然，如果没有明确的目的和社会目标，我们是无法提出任何问题的，更不要说计划了。这个目的就是确保大众拥有相当的生活水平，换言之，消灭贫穷……要保证人人都可以维持基本的最低标准，国家收入必须大幅增加……我们的计算表明生活水平的真实提高要求国民财富增加 500%~600%。不过这对我们来说是个大跃进，我们的目标是在 10 年之内提高 200%~300%。"

计划委员会的观念最终影响了印度的发展计划设计。尽管他们将减少贫穷和公平分配作为真实目标，但增长仍然是战略中的核心要素，再分配则只是辅助性工具。[②]举例来说，第一个五年计划的开头是这样写的："在现有社会条件下，经济与社会变迁的动力来自于贫穷和收入、财富、机会不平等的现实。显然，仅仅对现有财富进行再分配是不能实现消除贫困的目标的。而仅着眼于提高生产的计划也无法改变现有的不平等。必须把两者结合在一起；只有两者齐头并进才能创造条件，让社会能够尽最大的力量促进发展。"

因此没有任何证据表明印度在独立之后只追求增长，而忽略了减少贫穷问题。在自由化改革启动之后，目标也没有从减少贫穷转向"只追求增长"。这可以从 2004 年印度人民党的选举声明中找到切实的证据。印度人民党谴责了绝大多数追求"闪亮的印度"的方案，因为它们都忽视了贫穷问题。不过，快速浏览 2004 年印度人民党的文案后可以发现，该党不仅对自己的失误（如早期的五年计划）感到内疚，而且将作为工具的增长和作为目标的减

[①] 进一步的讨论，见 Chakrabarty（1992）。

[②] 我们下面会更多地讨论再分配问题。不过，这段引自第一个五年计划的说法是正确的。在既定的贫穷程度下，再分配是无法让我们变得更好的。首要战略必须是"将饼做大"。而且，各种社会目标中不仅只有减少贫穷（当然这是最重要的目标），还有其他目标如阻止经济力量的过分集中，但要是以错误的方式寻求，只会妨碍我们实现减少贫穷。

少贫穷清楚地联系在了一起。①瓦杰帕伊总理在2000年8月15日的独立日演讲中也传达了相同的信息："我们必须加快并拓宽我们的发展进程，这样才能让所有印度母亲的孩子都免于饥饿、无家可归、失业或缺乏医疗保障。我们必须减少区域和社会的不平等。我们必须让那些属于表列种姓、表列部落、其他落后阶级与少数团体的同胞们都成为发展进程中的平等伙伴。为了实现这个目标，我们必须在未来十年内将印度的人均收入翻番。"瓦杰帕伊政府的政策包括了全民义务教育、总理农村道路项目，以及主要农村电气化项目。

神话2.2　卫生保健和教育是延后于发展目标的附属物

人们越来越把教育和健康看成是基本人权，其顶峰是2009年的教育权法案，同时也有人要求在医疗健康方面提出类似的法案。相伴随的是，一些评论认为早年的领袖们尽管也将消除贫穷当作政策的核心目标，但他们并没有认识到教育、健康和其他类似人类福利关键因素的重要性。

当然，消除贫穷或许可以被视为是自然地包含了教育和健康的提升。然而，事实并非如此。相反，印度的设计师们将教育和健康视为头等大事。说他们没有将医疗和健康当作发展目标是荒废至极，我们必须进行完整的说明，来证明上述观点的错误。

1938年的计划委员会清楚地提到了上述目标，考虑到了会影响人类福祉的所有经济层面。尼赫鲁（1946）则又一次对这些值得重复的问题作了深入探讨。在解释了为什么国民收入的显著增加是解决贫穷问题的关键之后，他接着说：

> 我们准备了为期十年的计划，以控制不同时期和不同部门的经济生活。

---

① 因此，当陈述该党的核心经济目标时，文件描述说，要"以自力更生的道路，进一步拓宽和深化经济，实现两位数的经济增长率，达到完全消除贫穷和失业的目标"，以及终结"区域和社会不平等；消除城市－农村的隔阂"（来自BJP *Vision Document*；www.indian-elections.com/partymanifestoes/party-manifestoes04/bjp.html；2011年9月11日访问）。

同时所检验的目标如下：

（1）提高营养——每一位成年工作者都可以享用含 2400—2800 卡路里的均衡饮食。

（2）将每人每年平均消费的布料从 15 码提高到至少 30 码。

（3）住房标准提高到至少人均 100 平方英尺。

此外，还有一些指标也要牢记心头：

（i）农业产量的提高；（ii）工业产量的提高；（iii）减少失业；（iv）提高人均收入；（v）消灭文盲；（vi）增加公共事业服务；（vii）每千人有一个提供基础医疗服务的设施；（viii）提高人均预期寿命。

显然委员会所关心的绝不仅是以抽象的货币指标来衡量的贫穷率降低，还清楚地包含了教育、健康、住所和衣服等事项。这些考虑都包括在五年计划之中了。第一个五年计划中有关健康和教育的详尽内容展现出政策设计师所思考的深度和宽度。[①]

在强调了需要同时通过增长和再分配来消除贫穷之后，第一个五年计划的第一章指出，政策目标是要改变社会经济框架，以适应"工作权、充足收入的权利、接受教育的权利，和获得养老、疾病和残障保险的权利"所带来的冲击。第二章则重申了社会目标的重要性，指出："我们不仅要建设一个巨大的生产机器——当然这是发展的必要条件——还要同时推进健康、环境卫生、教育，并为文化进步创造社会条件。"

五年计划接着以独立的章节分别讨论了健康和教育。这些章节的不凡之处在于深入讨论了相关政策议题以及各个部分的条件情况。关于健康的这一章首先认识到"健康是国家进步的基本"，"对于工业和农业的效率来说，劳动者的健康是至关重要的"。它还加上了"健康是个体获得身心和谐发展、

---

① 如我们下面将证明的，这些并不是粗略的评论，而是在计划中有了完整的处理方法。同时还有项目评估报告，以分析这些领域所获得的进展和不足。我们还要指出，在当时极有名望的计划委员会成员中还包括了 Shrimati Durgabai Deshmukh，她是一位寡妇，也是妇女问题的积极鼓吹者。当时在内阁中担任卫生部长是另一位著名女性 Rajkumari Amrit Kaur。

享受丰富和完整生命的重要助益"。

计划还清晰地讨论了预期寿命、婴儿死亡、儿童死亡、产妇死亡以及各种原因造成的死亡。然后它开始仔细地讨论相关议题，包括医疗人员、物质设施和各种优先政策，如提供水和下水道设施，控制疟疾，并通过提供母子健康服务、健康教育、在药品和设备方面的自给自足以及家庭计划和人口控制等方法，实现农村的预防性卫生保健。

这一章还为到计划末期的医院数量、农村和城市的诊疗所与医疗人员，以及这些机构中的病床数量制定了具体的目标。它还对营养问题做了冗长的讨论，分析了 3 亿成年印度人所需的谷物、豆类、水果、蔬菜、牛奶、糖、蛋和肉。最后，它讨论了大量的特定疾病，包括疟疾、肺结核、性病、麻风病，甚至还有癌症——当时几乎没有人知道这种病。

关于教育的那一章展现了类似的深度和宽度。它首先指出，已有的注册学生只包括了 6—11 岁人口中的 40%，11—17 岁中的 10%，17—23 岁中的 0.9%，是远远不够的。而且宪法的指导原则要求"在宪法生效 10 年以来，要为所有 14 岁以下的儿童提供免费的义务教育"。因此，2009 年《教育权利法案》所体现的 14 岁以下儿童普遍免费教育，是其来有自的。

下一章讨论了不同水平的教育体系结构及其内部一致性，指出了为大学所提供的支持要大于中级和初级教育。它发现在 1949—1950 年度，全部教育支出中只有 34.2% 分配给了初级教育。其建议将更多的资源放到初级和中级教育上，减少对高等教育的拨款。经过仔细的计算之后，计划设定了明确的目标，在 1955—1956 年度，对初级教育和中级教育的经费应分别占到 60% 和 15%。

许多委员会都在健康问题上提出了重要的变革建议。比如说，健康调查和计划委员会（Mudaliar Committee，1961）的建议使得 20 世纪 60 年代初开始在农村地区建设初级医疗保健中心和次中心。类似的，卡尔塔尔·辛格委员会关于各种劳动者的报告（1973）以及斯里瓦斯塔瓦委员会关于医疗教育和人力支持的报告（1975）建议在初级水平上分配基本的卫生保健。在第五个五年计划（1974—1975 年度到 1978—1979 年度）的最低需要项目中，重点推进了建设农村卫生保健基础设施的工作。[①]

在 1960 年实现 6—14 岁儿童全面免费教育的目标并没有实现。事实上，1968 和 1986 年的两个国家政策声明以及 40 多年来的努力之后，我们仍然离这个目标有一定距离。在 2001 年，印度又发动了全国普及（基础）教育的运动。印度甚至在 2002 年又通过了第 86 项宪法修正案，将教育权从国家政策指导原则提升为一项基本权利。不过，具体实施的教育权利法案直到 2009 年才通过。

对这个问题的简短评论表明，这些领域进展缓慢的主要原因并不在于没有认识到卫生保健和教育的重要性或缺少良好的意图。相反，虽然我们讨论得很详细，可是缓慢的增长情况却阻碍了进步。在有限的国家收入之下，政府能动用的资源也是有限的。[②]

在教育领域，虽然政府在 2002 年修改宪法，使基础教育成为一项基本权利，并早在 2003 年就提出了实施法案的首个草案，但财政委员会和计划委员会否决了它，因为缺少资金。后来又用了 4 年多时间在各个团体之间协商谈判以修正法案，使它能得到财政支持。[③]

类似的，根据印度医疗研究理事会和印度社会科学研究理事会共同赞助发布的"为所有人提供卫生保健：一项替代性战略"中所提出的建议，1983 年的全国卫生保健政策将提供全面、综合的初级卫生保健服务作为其目标。但很快就发现缺少财政资源。[④]后来在 2002 年提出的全国卫生保健政策和 2005 年的全国农村卫生保健任务，仍离提供全面卫生保健的目标有一定距离。同样的问题最近又出现了。健康权法案已经经过了积极的讨论，只是缺少财政资源，虽然现在我们有了更多的收入，但仍然存在重大的障碍。[⑤]

[①] 进一步的细节见 Nundy（2005）。

[②] 政府收入是否实现了预想后果，这是个与今天仍然相关的问题。我们会在本书第三部分讨论最近的情况。

[③] 具体见 Balachandran（2010）。

[④] 见 Government of India（2005），p. 48。

[⑤] 我们并不是说资源是提高健康状况的充分条件，但它是一个必要条件。如何利用现有资源来实现良好的结果，是今天一个极为重要的话题。

神话2.3　增长并非扶贫所必需，再分配便可以扶助贫穷

　　这个看法在工业社会中相当突出，那些国家已经受益于增长超过一个世纪了。在原则上，由于过去的增长所形成的高收入水平有足够的能力维持大规模的扶贫项目，甚至当处于长期停滞时也是如此。但在实践上，情况不是那么简单。我们已经见证了最近的金融危机及相伴随的大萧条，减少巨额债务的急迫需要使得甚至发达国家都渴求增长，这样才能不去削减社会项目方面的开支。

　　在贫穷国家，情况往往更为糟糕，如印度在独立时，大部分人口都处于极为糟糕的贫困状态。其他发展中国家和地区，如巴西、中国、印尼、韩国、马来西亚和泰国，跟印度的情况都极为类似。通过再分配消灭（而不仅是轻微的减少）贫穷，即使在政治上是可行的，也不可能实现。

　　政府所能掌握的太少，需要做的又太多。此外，政府需要持续地处理贫穷问题，而不是一次性就能解决。当这个国家的人口不断增加、增长却陷于停滞时，任何通过再分配所改善的贫穷问题都会很快被销蚀。

　　当印度的建国之父们选择了以增长为中心的战略时，他们完全了解只通过再分配是不可能解决印度复杂的贫穷问题的，因此尼赫鲁的主张是，"要消除匮乏，并确保人人都拥有最低的生活标准，国民收入必须有大幅提高"（Nehru，1946，p. 438）。

　　虽然如果没有第一个五年及以后的第二个五年计划所设想的增长情况，是否能够战胜贫穷并不得而知，但政策设计师们显然将增长视为对付贫穷的关键角色。[1]在20世纪60年代初，当贫穷和收入分配成为国会的讨论焦点，尼赫鲁总理也开始考虑增长的收入到哪去了，计划委员会的展望计划部门又对政策选项作了深入的研究。此外，十五年计划对增长为什么是必需的作了清楚明了的分析。

———————————

[1]　不过，两个计划背后的潜在增长模型是不一样的。第一个五年计划在本质上是"流动的"哈罗德—多马模型，第二个五年计划是反映了苏联经济学家 Feldman 和印度统计学教授 Prasanta Chandra Mahalanobis "结构的""putty-clay"模型。

该计划（Pant，1962）首先指出，收入和消费分配数据表明大约 50% 的人口生活在极度贫困之中，按 1960—1961 年度的价格，月收入少于 20 印度卢比。然后开始增长的重要性：

> 最低保障受限于总产量和能够进行再分配的数量。如果根据当前的产出水平，将收入完全平均地分配给所有人，最为穷困的人的条件当然会得到改善，但平均生活水平仍然是相当低的。在这个范围上进行再分配是无意义的，除非产权结构以及工资收入的比例和结构有了革命性的改变。而且，当收入在前 30% 的家庭平均开支也只有每月 62 卢比的时候，任何从高收入群体向低收入群体转移的大型再分配计划都不会有什么效果。要提高大众的生活水平，就必须大幅提高产出。（pp. 13—14）

此外，Pitambar Pant 在文件中还提出了一个新观点，要把饼做大，而不是如何分饼。根据巴格瓦蒂在这个部门所做的研究，文件又分析了当时一些国家的收入再分配数据，并认为在这些收入水平相差很大的国家中，收入再分配却拥有极为类似的模式。[1]尤其是，收入最低的 30%~40% 人口的收入比例在不同国家中都是极为稳定的。因此，再分配或者改变政治方向的策略并非灵丹妙药，"把饼做大"是让最穷的百姓能够获得"最低"生活标准的唯一办法。

由于在主流经济之外还存在一些边缘的部落群体，文件建议通过增长将这些群体整合入主流经济，或对这些主流之外的群体进行再分配。借助一个正式模型，计算得出连续 15 年 7% 的增长，再加上再分配措施，可以消除（按 1960—1961 年度的价格指数）人均收入低于 20 卢比的极度贫穷状况。

在另一方面，那种我们可以在没有增长的情况下消除贫困的论调在印度

---

[1] 巴格瓦蒂在为 Pitambar Pant 工作时，写过两篇实质性的论文，一篇是印度的收入分配，一篇是跨国的收入分配。正文中讨论的是后面那篇文章。由于文章写于 20 世纪 60 年代，那时还未有复印机和计算机，作者居无定所而没有存放的地方，未能保留下这两篇"复写"出来的文章。但它们可能仍然放在计划委员会或加尔各答印度统计协会已经满是尘埃的架子上。

知识分子中颇为流行，其领头人则是巴基斯坦经济学家马赫布卜·乌尔·哈克（Mahbub ul Haq）。在 1972 年的论文《让我们站在经济学的头上：加入 GNP 竞赛并不能够消除贫穷》中，哈克认为当时的中国虽然只有温和的经济增长，但却通过再分配政策消除了最糟糕的贫穷、文盲和营养不均现象，而其他国家包括印度，则一味追求增长，迷失了方向。[1]

我们现在知道哈克观点的基础是错误的。一方面，中国通过从农业当中的盈余来补贴城市工业以期获得快速增长；另一方面，中国在 1971 年还远远没有消除最糟糕的贫穷、文盲和营养不均状况。[2]

而印度自身，尽管有理由怀疑再分配是否能够持续地对抗贫穷问题，不过适度的再分配确实出现在卫生保健和教育方面。如 Pitambar Pant 在十五年计划中所指出的，在 1950—1951 年度到 1960—1961 年度这 10 年间收入增长了 40%，从而在社会领域方面也获得了进步，如教育经费增长了 85%，医院床位增加了 65%。但对贫穷的大海而言，这还只是涓涓细流。

直到 20 世纪 70 年代末，情况都没有太大好转。图 2.1 可以表明这一点，此图描绘了从 1960—1961 年度到 1979—1980 年度间全国人均每月私人最终消费开支的状况，按照 1999—2000 年度的价格指数呈现。[3]我们可以看到人均每月最终消费支出从 1960—1961 年度的 564 卢比增长到了 1976—1977 年度的 597 卢比，16 年来总共增加了 2%！再分配的规模比起 1960—1961 年度来几乎没有什么提高。

---

① 哈克（1972）特别这样写道（引自 Sau，1972，p. 1572）："在不到 20 年的时间里，中国已经消灭了极端贫穷；它实现了充分就业、普遍识字，以及足够的卫生保健设施；它没有出现明显的营养不良或环境脏乱现象。而且，我对中国的印象是，它的增长率相当温和。"当然，哈克关于"站在经济学的头上"的经济理论，以及"GNP 无意义竞争"的说法都只是文学修辞。经济学中已经有广为人知的模型来讨论所谓"贫困化增长"（如巴格瓦蒂 1958 年的模型）。要是知道哈克脑中的悲惨是什么就好了！

② 后来，一些印度的反增长经济学家将喀拉拉邦当成发展的榜样。当无法再为"闪亮的喀拉拉邦"作可信的辩护时，他们又开始以孟加拉国为例。在这个问题上，我们会讨论阿马蒂亚·森（2011）的观点，以及帕纳格里亚（2011a，2011b）对此的反驳。

③ 以 1999—2000 年度价格估计的私人最终消费支出来自国民账户统计（NAS）。它是 GNP 减去资本形成总额和当前政府支出。平均支出的估计是由国家样本调查做出，通常会低于国民账户统计。

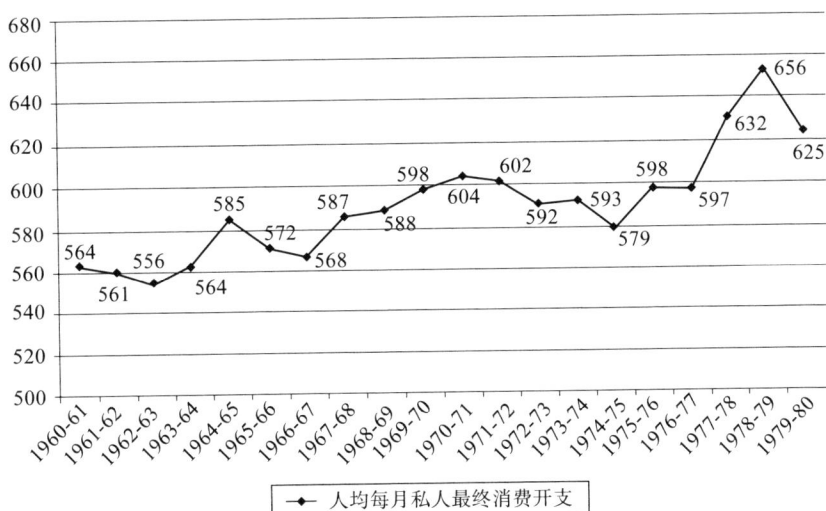

图2.1　1960—1980年印度的人均每月私人消费开支

神话2.4　增长不足以减少贫穷，再分配是必需的 [1]

巴基斯坦经济学家马赫布卜·乌尔·哈克是20世纪70年代最知名的谴责以增长为中心的战略，并主张用再分配作为取代政策的学者。[2]当印度在英迪拉·甘地时代转向社会主义经济政策时，哈克找到了一批拥戴他的左翼记者、学者以及政策制定者。在自我标榜为"新经济学"之下——其基本假定为增长本身并不能减少贫穷问题——家庭手工业很快发展了起来。[3]

就连英迪拉·甘地总理本人似乎也同意这个假定，她在1972年3月25

---

[1]　请注意神话2.3是说增长并非消除贫穷所必需，而神话2.4则是说增长也并非充分条件。

[2]　也许哈克所想到的他的祖国巴基斯坦，在那里军队所获得的利益超过了增长带来的好处。但我们忍不住去想为什么他从美国回来，加入齐亚军事独裁下的内阁。为了对哈克公平，要指出这个世界有很多种人，包括与独裁者对抗的索尔仁尼琴，还有在体制内部推动改革的特瓦尔多夫斯基。后者编辑了《新世界》，并在1962年11月出版了索尔仁尼琴的《伊凡·杰尼索维奇的一天》。索尔仁尼琴在后来对特瓦尔多夫斯基的攻击，以及特瓦尔多夫斯基的辩护，见于 Vladimir Laksin, *Solzhenitsyn, Tvardovsaky, and Novy Mir*（Cambridge, MA: MIT Press, 1980）。

[3]　见 Sau（1972）and Ranadive（1973）。

日对印度商业与工业联合会所发表的著名演讲中这样说："只关心 GNP 最大化的增长政策是危险的，最后总会造成社会和政治的动荡。因此，GNP 的增长只能作为多维度的社会改革的一部分。"[①]事实上，当年印度设计师们所持的正是这种多样化工具（围绕着消除贫穷这个主题制定广泛的社会目标）的思维，而她在演讲中却是指鹿为马，错误谴责过往的事实。

正如我们已经强调的，在一个不断增长的经济体中，由于收入增加，支出的规模也在不断扩大，国家出资的扶贫项目（如果有效规划和运作的话）可以加速减少贫穷。增长能够让穷人获得工作机会，它还可以产生更多的财政收入，并通过将资金用到有针对性的卫生保健和教育上，帮助穷人。[②]

而我们所强调不够的是，英迪拉·甘地的观点——没有这种财政效应，如果印度只是依赖于增长，事实上并不能帮助穷人（而且是"危险"的）——不管在理论分析还是经验现实上都找不到支持的证据。

理论上，在一个普遍贫穷的经济中，劳动力是相当便宜的。因此，它在生产劳动密集型产品上拥有比较优势。在促进增长的政策之下（包括开放出口，这通常会结合其他促进增长的政策），一个不断增长的经济体会专业化地生产和出口这些产品，并且可以创造就业机会（不断增长的劳动力需求会减少"过剩"或"未充分就业"的劳动力），提高大众的工资，相伴随的便是贫穷的减少。

韩国和中国台湾等地的实际经验已经佐证了这个观点。它们从 20 世纪 50 年代下半期起采取正确的混合政策，并实现了高增长。接着，内陆地区的农业劳动力逐渐转向劳动密集型制造业，工资也水涨船高。结果便是贫穷人口的大幅减少。快速增长将穷人"拉到"有生产力的岗位上，并摆脱了贫穷状态。[③]

---

① 引文见于 Ranadive（1973），p. 834。

② 这种通过放松收入约束产生的附加效应，就是巴格瓦蒂（1988）差不多 25 年前在艾哈迈达巴德的 Vikram Sarabhai 演讲"贫穷与公共政策"中所指出的。显然，如果将税收用在其他地方上，那种帮助穷人的额外效应是不会出现的。

③ 关于韩国的详细证据见 Panagariya（2008a，第 6 章），中国台湾的数据见 Panagariya（2011c）。同样的证据也见于中国其他地方，广东省的快速增长产生了对劳动力的需求，提高了工资以及劳工标准。

在后面的章节中我们会讨论到，增长在印度也直接减少了贫穷。不过，持续的管制截断了其中的联系，对这个进程有所影响。尤其是，我们在第二部分会谈到，至少在 2000 年以前，小规模工业的"预留"制度实际上使得所有劳动密集型产品都只能由非常小的企业来生产，这让印度在世界市场上毫无竞争力。即使到了 2000 年以后，管制有所放松，但由于劳动市场的缺乏弹性，劳动密集型产品，如服装业、鞋和其他轻工业产品，仍然无法实现快速增长。

在印度，大型企业的劳动者保护是极为严格的，产生了过高的劳动力成本。举例来说，1947 年《工业纠纷法》让员工在 100 名以上的企业几乎在任何情况下都不可能解雇劳动者。保护门槛如此之高，在劳动密集型部门中，大型企业之所以在世界市场中无竞争力，有 80% 是因为劳动力成本因素。而另一方面，小企业则没有能力进行大规模出口。

由于这样的限制，印度的增长主要发生在资本和技术密集型部门，如汽车业、两轮或三轮车、工程商品、炼油，以及软件和通信产业。虽然有这些限制，增长仍然通过间接的机制帮助消除贫困。[1]快速增长部门的收入不断上升，支出自然增加，这又促进了非贸易服务部门的就业。举例来说，汽车部门的扩张产生了对驾驶员和机修工的需求。移动电话普及之后，相应的批发零售店自然也要扩张。住房需求的提升会增加建筑方面的就业机会。一般支出的增加还会提升乘客旅行的需求，电信、传真和快递服务的需求，旅游业的需求，餐饮业的需求，美容业的需求，教育的需求，医疗、护理和兽医的需求，以及垃圾回收的需求。随着增长的加速，这些非贸易服务的就业需求能够间接地减少贫穷。

通过比较印度不同邦的人均收入和贫穷率，也可以找到增长与减少贫穷之间的联系。各邦的人均收入与其贫穷率之间存在极强的负相关性。[2]可以假定各邦之间的再分配政策相差不大，或者说这种政策更偏向于较贫穷的

---

[1]　关于这点的进一步阐述见 Dahejia 和 Panagariya（2012）。
[2]　Mukim 和 Panagariya（2012）提供了关于人均收入和贫穷水平的系统图表。

邦，因此这种相关性说明人均收入与减少贫穷之间存在积极的关系。[1]

事实上，关于旧政策框架会破坏增长，以及增长能够减少贫穷而且具有包容性的证据极为清楚，恐怕只有少部分旧政策的死忠支持者（其中许多是自称要帮助穷人的左派）才会怀疑或敌视改革。打个比方，在英国就学时，大家都在同一辆巴士上，而当许多人像巴格瓦蒂和曼莫汉·辛格那样观察到了这场大难，准备下车时，反对者仍然还在车上。他们幻想自己是罗莎·帕克斯（Rosa Parks）；事实上他们只是一些知识懒汉，不愿意学习是什么毁了印度和它的穷苦同胞。因此，当改革启动时，他们自然会加以反对，并发展出一套关于新政策存在多少缺陷和旧政策框架有多么优秀的神话。

---

[1]　要建立一个因果关系，能够经受计量经济学家的检验，其关系并不是确定在随机试验之上（通常绝大多数宏观经济政策关心的重要问题都是如此），是非常困难的任务。不过 Cain，Hasan 和 Mitra（2012）与 Mukim 和 Panagariya（2012）认为人均收入和贫穷之间存在联系。我们要另外说一句，尽管近来许多发展经济学家的宏观项目都采用随机试验的方法，但其总和对发展政策的重要性已经远远超越了宏观层面（如那些与国际贸易相关的问题）。

第三章　改革及其对增长与贫穷的影响

经济陷入危机⋯⋯我们要以坚定的态度处理这个问题⋯⋯本届政府承诺要扫清阻碍快速工业化的蛛网。我们要努力让印度具有国际竞争力，善于利用现代科学技术以及全球经济所赋予我们的机会。

我们也欢迎外国直接投资以加快发展速度、升级我们的技术及促进出口。各种妨碍大规模外国投资的政策都要废除。我们将制订出一个有时间期限的方案，简化产业政策，以建设一个充满活力的经济，奖励创意、企业家精神和革新⋯⋯

我们期待创造就业、消除贫困并减少不平等。我们需要社会和谐与公共友好。我们想要一个更为人道的社会。在 20 世纪将要结束之时，我们不能让大多数人生活在贫穷之中。甘地说他的梦想是擦去所有人的眼泪。这个愿景激励着我的政府努力奋斗。印度万岁。

——总理纳拉辛哈·拉奥对全国民众的发言，1991 年 6 月 22 日

在 20 世纪 70 年代后半期，悲惨的经济状况在英迪拉·甘地的计划经济思路下更是雪上加霜，只要没有被意识形态蒙蔽，这一点是很明显的。

但这套话语对民族心理的控制是如此强大，没有人胆敢挑战政策框架本身。因此，人们通过平缓的，几乎无法被察知的过程逐渐放松控制，但不去改变深层次的框架。[①]

1984 年下半年，拉吉夫·甘地在他的母亲英迪拉·甘地被刺杀后继任总理，在他统治期间，这个过程还有所加速。

在整个 20 世纪 80 年代，对整个经济控制体制的怀疑在逐步上升。不过到了这 10 年的末期，怀疑心态到达了顶峰，而对当代印度的信心则跌入低谷。另有两件事情更加深了这种情绪：一是中国成功的向外开放（学习别人的经验），一是苏联模式的崩溃（学习别人的教训），而后者则是印度的政策设计师们从 20 世纪 50 年代直到至少 20 世纪 70 年代末所一直仿效的榜样。因此，当 1991 年发生收支平衡危机时，这恰好提供了一个进行重大变革的机会，新当选的总理是纳拉辛哈·拉奥，他能够当选是由于拉吉夫·甘地在选举活动中被刺杀，同时他在 20 世纪 70 年代初担任安得拉邦邦长时，亲身体验过

---

① Marathe（1989，第 4 章）在 1980 年以工业部长身份退休，他对当时的政策制定的内幕作了精彩的分析。他说："在 20 世纪 70 年代早期，人们已经意识到在产业政策和特别是决策制定与行政管理机构的某些主要方面存在无效率问题。'符合公平正义的增长'目标……开始走入困境。越来越多的证据表明，在个体所希冀的政策目标之间存在冲突……而且整个体系无力解决这些冲突，因为既没有充分的增长，也没有朝向更符合社会正义的步伐。"（pp. 91—92）在本章后面部分，提到了 1975—1976 年度的自由化措施，作者写道："这阶段的自由化程度有限的最重要理由是，在政治层面上不愿意接受需要进行方向性的改变。……用一名当时已经退休的高级公务员的话来说，态度是'偷偷地干'，因此能做的事必然有限。"（p. 100）

中央专制控制的苦果。因此他上任后大胆地开展行动。[①]他启动了系统改革的进程，将印度从英迪拉·甘地所设定的模式转到一个完全不同的方向。

这些改革对原有政策的支持者们提出了巨大的挑战，他们现在必须面对这个威胁。毫不奇怪的是，他们采取攻击性的战略，旨在破坏改革的可信度。这就需要发明出一些新的神话来。在这一章中，我们就要分析这些关于改革如何对增长、贫穷和社会弱势团体产生了负面影响的神话。还有一些关于改革如何危害了不平等、教育、卫生保健及相关问题的神话，我们将在第二部分加以处理。

神话3.1 改革并不能解释印度在1991年后的快速增长

部分经济学家所持的最令人惊讶的神话是，尽管增长产生于改革之后，但增长的原因并不是 1991 年之后的改革，而是可以追溯到 20 世纪 80 年代。

在 20 世纪 70 年代中期，这种命令—控制型体制达到了顶峰，然后开始慢慢放松控制，放松的速度在 20 世纪 80 年代有所加速，尤其是在拉吉夫·甘地担任总理期间。这是一种局部渐进的"偷偷"改革，到了 1991 年，则改之以公开进行整体的自由化改革，全面地跨入各个重要领域，如产业牌照问题。这也代表着整个政策框架的根本性转移。[②]

那么我们必须要问：严肃的经济学家怎么还会认为始于 1991 年的改革并没有促进增长呢？他们有两类观点。一类是说，快速增长是始于 20 世纪 80 年代；另一类观点则是，快速增长甚至也不是因为 20 世纪 80 年代的零星改革，而是由于"态度的变化"，它的功效要超过所有具体改革措施。

经济史学家布来德福德·德龙（Bradford DeLong，2003）第一个认为 1991

---

① 巴格瓦蒂认为另有两点也促进了改革。第一，印度侨民的数量不断增长，这些人几乎都生于有影响力的官僚和政治人物家庭。他们回来告诉这些领导，印度的政治太糟糕了，印度已经成为国际的笑柄。第二，这些领导自我感觉印度文明赋予了他们优越感，可面对的问题却是糟糕的经济绩效令他们只能当配角。最差的心理状态就是自我优越感对上了现实中的配角位置。

② Panagariya（2008a，第 2—5 章）讨论了这些政策变化的细节。

年之后的改革是延续而非加快了经济增长的速度。但他所指出的快速增长始于
20世纪80年代，并不意味着改革没有提高增长率。事实上德龙也承认20世
纪80年代的改革也许确实加快了那10年的经济增长率，因此不能就此认为
改革与增长之间是没有关联的。而且他也推测，如果没有1991年之后更为全
面的改革，20世纪80年代的加速增长可能只是昙花一现（当然这是真的）。

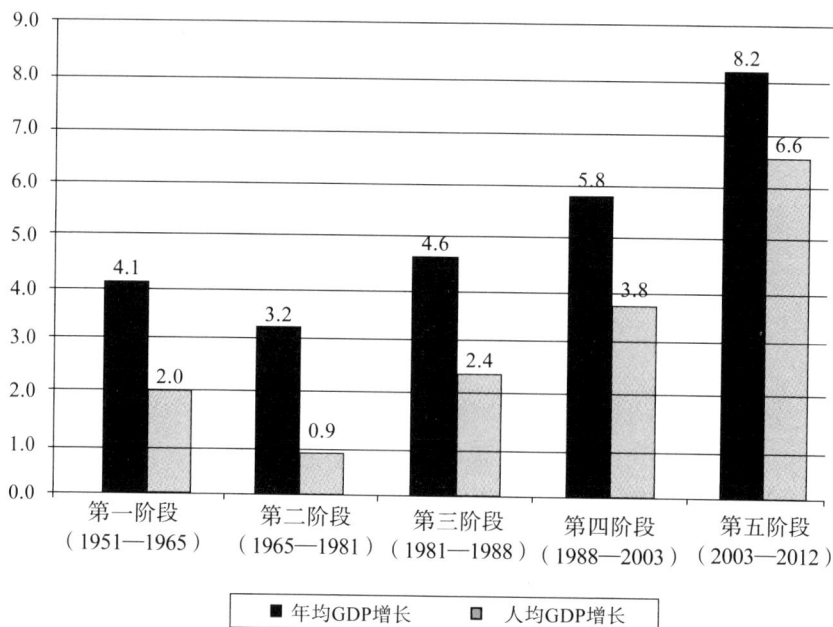

图3.1　从1951—1952年度到2011—2012年度的年均GDP增长率和人均GDP增长率,按不同时期划分

真正的问题是由丹尼·罗德里克（Dani Rodrik，2003）所独立提出的，
他在为刊载德龙那篇文章的该卷学术杂志所写的编辑导论中，认为20世纪
80年代的改革其实并没有帮助经济增长。他认为"在20世纪80年代官方
态度改变了，开始鼓励而不是妨碍企业家的工作，以及积极地融入世界经
济，同时对经济规则的信念也在往好的方向改变，这些可能比其他特定的政
策改革更有力地影响了经济增长"[①]。

[①]　Rodrik 和 Subramanian（2005）作了进一步发展。Srinivasan（2005）对这些作者进行了严厉批判。

不过，德龙关于1991年之后的增长保持稳定的统计分析，以及罗德里克对此所做的解释，都是错误的。[①]

首先，认为20世纪90年代的增长率并不比20世纪80年代的增长率高，这是犯了加总谬误。20世纪80年代的增长实际上是相当温和的（见图3.1），大部分增长是在最后三年实现的。当我们将1988—1991年的数据剔除之后，1980—1981年度到1987—1988年度间的年均增长率只有4.6%，跟1951—1952年度到1964—1965年度间4.1%的增长率相差不远，且显著低于1988—2003年间的5.8%，或1992—1993年度到1999—2000年度间的6.3%。[②]

Chetan Ghate和Stephen Wright（2008）已经利用最新的技术分析了国家和产业层面上的数据，以找到整个经济的转折点。作者们经过全面而细致的研究后，认为转折点发生在1987—1988财政年度，与Panagariva（2004b）的观点一致。[③]

其次，1988—1991年7.2%的"超高"增长率是由于之前已经进行了有效虽然只是局部的改革，尤其是在1985—1986年度和1986—1987年度间。同时20世纪80年代后半期卢比的大幅贬值也发挥了效果。[④]但更重要的是，财政扩张和对外借款也推动了那几年的增长，但这是不可持续的。不奇怪的是，1991年6月的收支平衡危机结束了这波浪潮。

即使我们忽略20世纪80年代和20世纪90年代之间的增长差异，没有1991年之后的持续改革，80年代的增长也是不可持续的。

最后，在2003—2004年度到2011—2012年度之间8.2%的年增长率代表了在1991年系统改革之后，增长率出现了一次大跃升。如果没有稳定的

[①]　下面的讨论也见于Panagariya（2004；2008a，第1章）等。

[②]　在讨论后面那个时期时，1991—1992年度被排除掉了，因为这是不能归咎于改革的危机年。如果把1991年包括进去，那么也应该把高增长的1988—1991年算进去，如图3.1所示，因为1991年的危机之所以爆发，是由于部分推动了20世纪80年代末高增长的财政扩张政策。

[③]　我们在这里要提及Wallack（2003）的研究，她试图根据增长率在统计上的显著差异，将1951—1952年度到2001—2002年度划分为两个更多的时期。她找到了一个断点，以GDP序列来看是1980—1981年度，以GNP序列来看是1987—1988年度。考虑到GDP和GNP增长率在本质上是相同的，因此断点的时间差异这么大，说明她的统计方法对数据的微小变动极为敏感。相反，Ghate和Wright的方法是稳健的。

[④]　细节见Panagariya（2004）。

自由化政策，贸易占 GDP 的比例有可能从 1990—1991 年度的 17% 提高到 2011—2012 年度的超过 50% 吗？[①]没有在外国投资方面的自由化政策，外国投资能够从 1990—1991 年度 1 亿美元提高到 2007—2008 年度的 600 亿美元吗？没有电信领域的自由化改革，电话装机量有可能从 1990—1991 年度的总共 500 万台变为现在每月新增容量超过 1500 万部吗？没有在投资领域放松许可证制度，以及开放外国投资的话，汽车产量能够从 1990—1991 年度的 18 万辆增加到 2009—2010 年度的 200 万辆吗？这份清单还可以不断增加。[②]政策很重要；没有政策改变的话，"官员态度的变化"不会有什么作用。

神话3.2 改革并没有减少贫穷

批评者还抱怨改革对解决贫穷问题毫无帮助。这种抱怨在不同的时期和背景以不同的形式出现。一开始是简单地认为改革并没有减少贫穷。但随着 20 世纪 90 年代和 21 世纪最初 10 年改革和增长的不断推进，以及穷人数量的加速度减少，他们改而认为，比起改革之前的时期来，改革并没有加快减少贫穷的速度，然后又认为穷人的绝对数量没有减少。我们会分别讨论这些问题。

实证证据表明，在计划经济的全盛期，穷人数量并未减少，而在改革之后，出现了稳定的下降趋势，这一点毫无争议。图 3.2 表明了自 1951—1952 年度到 1973—1974 年度间，在国家层面上低于官方贫穷线的人口比例（也就是贫穷率）。图中还包括了这段时间的贫穷率趋势线。从图中可见，在这段时期贫穷率在 50% 到 60% 之间波动，呈轻微上升趋势。由于印度独立时的人均收入极低，而且在独立后的第一个 25 年中发展缓慢，国家没有能解决任何贫穷问题。

---

① 印度的数据通常是指财政年度，也就是当年的 4 月 1 日到第二年的 3 月 31 日。因此，1990—1991 年度指的是 1990 年 4 月 1 日到 1991 年 3 月 31 日。

② 与 Rodrik（2003）及 Rodrik 和 Subramanism（2005）类似的两个研究是 Kohli（2006）和 Nayyar（2006）。Panagariya（2008a，pp.16-21）对这些研究作了批判性的分析。

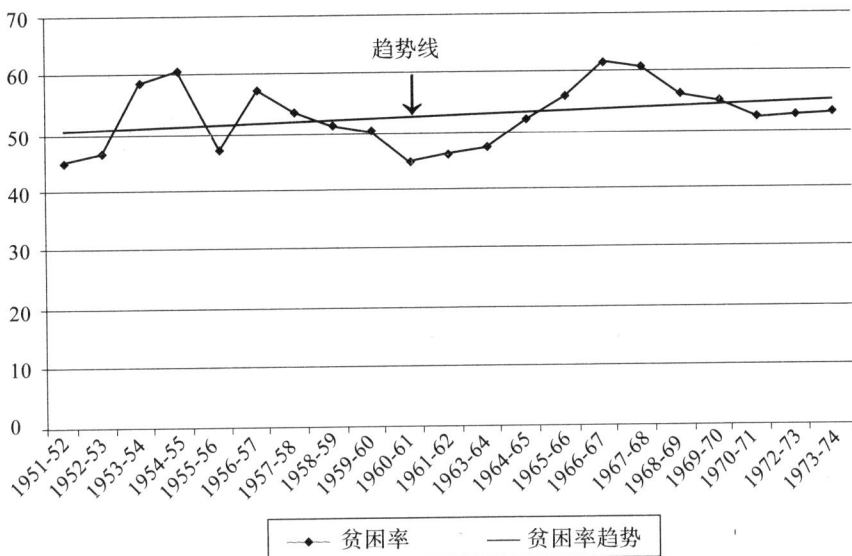

图3.2　1951—1952年度到1973—1974年度间，低于官方贫困线的人口比例

来源：作者根据 Dah, Guarov, 1998. "Poverty in India and Indian States:An Update" 的
估计整理，discussion Paper No.47, International food Policy Research Institute（7 月）

　　图3.3 为从 1977—1978 年度到 2009—2010 年度间，印度的农村和城市，
以及国家作为整体的贫穷率，与图 3.2 恰成对比。[①]当放松管制并开始改革之
后，印度的农村和城市同时出现了增长的加速与贫穷率的降低。我们可以讨
论贫穷率的水平，因为这依赖于贫穷线画在哪，但无法否认的是这个趋势。
事实上，官方是以较高的贫穷线标准估计 1993—1994 年度、2004—2005 年
度以及 2009—2010 年度，但农村和城市的贫穷率仍然呈现出下降的趋势。

---

① 从 1973—1974 年度起，印度开始每 5 年就进行大规模的支出调查。图 3.2 是基于这些调查所做的贫穷估计。
唯一漏失的调查是 1999—2000 年度。因为样本设计发生了变化，根据这个调查所做的贫穷估计不能与其他调查
作完整的比较。

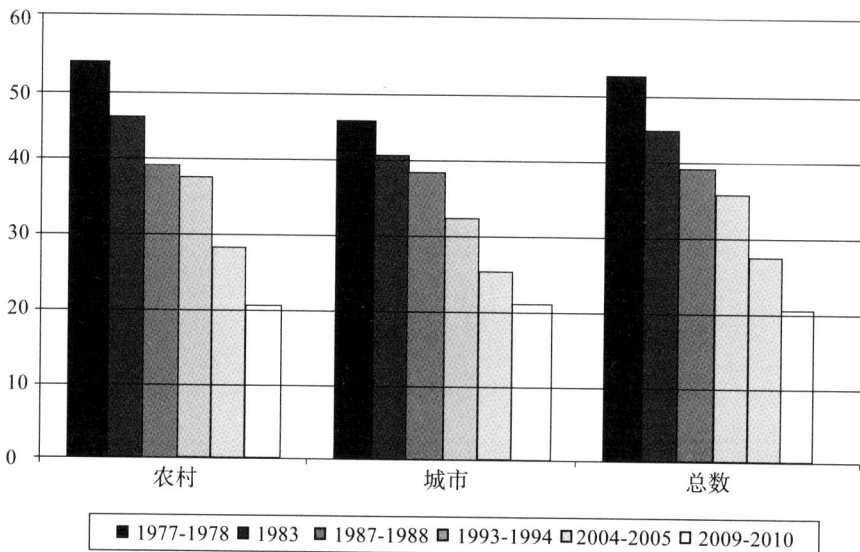

图3.3 印度农村和城市在1977—1978年度到2009—2010年度之间的贫穷率

来源：作者根据 Mukim 和 Panagariya（2013）的估计所建

批评者认识到在改革和加速增长的同时，贫困率出现了不断下降的趋势之后，开始转换方向。他们改而主张在改革之后，下降的趋势并未加速，相对于改革前，甚至呈现减缓的情况。为此，他们比较了1983年到1993—1994年度之间以及1993—1994年度到2004—2005年度之间每年的百分点下降情况。但这种论证存在两个严重的问题。

首先，改革前与改革前成效的真实比较不应该是批评者所设定的时间段，而应该最初的三十年（1950—1980年）与最近的三十年（1980—2010年）进行比较。虽然印度的自由化改革从1991年起变得更为系统，但改革是从20世纪80年代便开始的。

其次，也是批评者难以否认的，那就是最近一次基于支出调查所做的贫穷率估计（2009—2010年度所实施的），发现2005—2006年度到2009—2010年度间有8.7%的增长率。这个估计表明，5年间的贫穷率降到了有史以来的低点。事实上，这5年间的下降速度非常之快，如果我们把这5年并入计算 1993—1994 年度到 2009—2010 年度的年均百分点下降率，那么其下降速度便超过了批评者最爱引用的 1983 年到 1993—1994 年度。①

但一些批评者否认贫困率下降的趋势，他们认为贫困线以下人口的绝对数量没有大幅减少，这个事实说明改革之后的贫穷并没有下降。根据计划委员会提供的官方估计，以传统的贫穷线计算，印度的绝对贫穷人口在 1983 年为 3.23 亿，1993—1994 年度为 3.2 亿，2004—2005 年度为 3.02 亿。这样来说，贫穷人口确实只有极小幅的减少。②

但是，当世界银行民粹化的引用这些数据，来说明穷人的绝对数量时，所用的是有缺陷的测度贫穷方法，因为人口的总数量在不断增加。③这个测度贫穷的方法低估了贫穷的减少，因为它没有对穷人绝对数量的变化与相对比例的变化做出区分。

这种计算穷人绝对数量的办法高估了实际情况。（有人或许会讽刺地想到，世界银行偏爱这种有偏差的测度方法，并运用到其他国家中去，从而过高估计了贫穷状况，并转而支持那些对改革导向的发展战略持批评意见的人。）④

而当我们转向测度穷人的"比例"时，就会得到一个对印度更有意义的观念。根据计划委员会提供对穷人数量的估计，在印度，低于贫穷线的人

---

① 从 2004—2005 年度到 2009—2010 年度，每年的贫穷减少率为 1.44 个百分点。相比而言，1983 年到 1993—1994 年度是 0.85 个百分点，1993—1994 年度到 2004—2005 年度则为 0.77 个百分点。1993—1994 年度到 2009—2010 年度则仅为 0.98 个百分点。

② 举例来说，在 *Mint* 报（2011 年 9 月 16 日）的专栏文章 "Two dacades of a Misplaced Idea" 中，反对改革的评论员 Himnashu 认为如果用对穷人的助益来评判改革，那最好的评价也只能是喜忧参半。然后他就引用了修订后较高的官方贫困线下的穷人数量："这个国家的穷人数量在 1993—1994 年度为 4.049 亿，到 2004—2005 年度为 4.066 亿，再到 2009—2010 年度则小幅降为 3.97 亿。"

③ 举例来说，in *1999 Annaual Review of Development Effectiveness* 中，世界银行（1999，p. 1）指出，"每天所得少于 1 美元的穷人数量，从 1987 年的 11.97 亿增至 1998 年的 12.14 亿。排除中国的话，发展中国家的贫穷人口增加了 1 亿。"

④ 事实上，世界银行已经越来越被民粹主义经济学家和非经济学家所占据，尤其是詹姆斯·沃尔芬森担任总裁期间，对穷人的绝对数量给予了过分的关注。沃尔芬森信任那些反增长、反改革的经济学家，如斯蒂格利茨（当时担任世界银行的首席经济学家和副总裁）和阿马蒂亚·森。见 Wolfensohn 和 Stiglitz（1999）及 Sen 和 Wolfensohn（1999）。

口比例从 1983 年的 44.5% 降到了 2004—2005 年度的 27.5%。在同一时期，印度人口大约增加了 3.74 亿。除非你荒谬地假定所有净增加人口都不是穷人，否则合理的看法是如果没有能够有效消除贫穷的战略，新增加的 3.74 亿人口中就有 44.5% 为穷人，也就是说有 1.665 亿穷人。①把这个数字再加上 1983 年时原有的 3.23 亿穷人，在 2004—2005 年度就有总计 4.895 亿穷人。2004—2005 年度实际的穷人数量为 3.02 亿，也就是说减少了 1.875 亿穷人。

以经济学家所使用的"贫穷率"来看，穷人的比例从 1983 年的 44.5% 降到了 2004—2005 年度的 27.5%。这清楚地表明了那种认为穷人的绝对数量没有变化就等于贫穷情况没有改善的观点有多么荒谬。

最后一种批评改革的观点认为，某些特定的个体或群体中，穷人的数量没有减少，甚至增加了。但这同样是错误的，我们在后面将讨论到，在印度的所有邦当中，穷人的数量在所有较大的群体中都有所减少，如各个表列种姓和表列部落。

当然，还有许多改革前的穷人现在仍然贫穷。我们也不能排除改革确实可能伤害了某些个体，如当他们被迫离开土地去从事其他工作，却没有得到适当补偿时。②不过，这种批评改革的方式并不准确，因为我们只能在总体水平上检验一套政策的功效，即使我们可以将它分解到对各个群体如表列种姓和表列部落的影响（我们将在下面的神话 3.3 中检验这些影响）。没有任何政策可以令每个小团体中的所有人受益，且不会伤害到任何人。

对那些批评改革的人来说，现实是残酷的：在减少贫穷方面，计划经济政策模式远不如后来的改革政策那么能够帮助（实际上甚至是伤害了）穷人和弱势团体。印度最终抛弃了旧政策，就是因为它们对经济绩效造成了负面影响，没办法减少贫穷和实现其他社会目标。

---

① 我们在这里假定富人和穷人的人口增长率是相同的，而且也没有穷人的社会流动问题。如果穷人的人口增长率高于富人的话，那么在增加的 3.74 亿人口中，穷人的数量可能高于正文中的估计。
② 补偿问题是合理的。如果土地因为社会需要而被征用，应该进行补偿。这又提出了什么是合理的"社会目标"，什么样的个体必须得到补偿，以及补偿多少等问题。

神话3.3　改革忽视，甚至伤害了社会弱势团体

某些 NGO 和记者以及国际组织认为改革带来的增长也许减少了整体的贫穷状况，但却没有改善弱势群体的贫困，这些群体主要是指表列种姓和表列部落，但可能也包括了其他落后种姓（OBC）。

比如说，全国达利特人权运动组织在递交给英国下议院的意见（出版于2011年1月14日）中指出，"虽然经济增长率很高，但在许多受排挤社区中，贫穷率仍在增加，与之相伴随的是生活没有保障。"[①]

记者 Praful Bidwai 在 2010 年 12 月 29 日《金融记录报》（*Financial Chronicle*）的文章也有类似的看法："不平等的增加说明了，精英消费和部门失衡所驱动的印度增长方式是错误的，弱势群体无法分享 GDP 增长的成果，这又进一步恶化了收入不均。"[②]

就连世界银行也指责印度的增长并没有帮助这个国家的落后部落人口。世界银行最近发表的一份国情简介中用了非常重的措辞："根据增长与减少贫困的标准来看，印度被普遍认为是一个成功的故事。仅仅过了 20 年，全国贫穷率就下降了 20 个百分点，从 1983 年的 45.6% 下降到 2004—2005 年度的 27.5%。可是这种被广泛认可的增长并未公平地触及所有人，有许多群体落在不断提高的生活标准的后面。这些群体是由印度宪法所规定保护的表列部落。"[③]

我们要再重申一次，有坚实的证据表明，在自由化改革之后的持续增长不是只减少了较高地位种姓的贫穷问题，而是帮助了所有群体。弱势群体的贫穷率确实比较高，这是历史错误的遗留，但说这些群体没有受惠于经济增长是不正确的。事实上，各种证据都可表明，表列种姓和表列部落与其他落

---

① "达利特"指的是不可接触的贱民，包括了印度宪法中所列的表列种姓。

② 关于全国达利特人权运动组织的陈述，见 www.publications.parliament.uk/pa/cm201011/cmselect/cmintdev/writev/616/m02.htm（2011年6月3日访问）。Bidwai 的说法见文章 "Equity, Not Growth, is the Key"，www.mydigitalfc.com/op-ed/equity-not-growth-key-359（2011年6月3日访问）。

③ 见 Das et al.（2011）。

后种姓和"高"种姓一同受益于经济增长。

Mukim 和 Panagariya（2013）的研究特别表明了，在所有关于农村和城市地区连续性调查中，表列种姓和表列部落的贫穷率都在下降（见图3.4）。对表列种姓来说，全国性的贫穷率从1983年的58.5%降到了1993—1994年度的48.9%，再到2004—2005年度的38%，2009—2010年度时则降到了28.6%。对表列部落来说，贫穷率则从1983年的64.4%降到了1993—1994年度的51.2%，到2004—2005年度则降到了46.3%，再到2009—2010年度的30.7%。作者同时计算了各邦的贫穷率，发现所有大邦的贫穷率在1983年到2009—2010年度间都下降了。

近来一个极为重要的发展便是，在最近这一段高速增长期，表列种姓和表列部落的贫穷率下降趋势要远大于非表列种姓。从2004—2005年度到2009—2010年度，表列种姓的贫穷率下降了9.4个百分点，表列部落则下降了惊人的15.3个百分点，而非表列种姓只下降了6个百分点。弱势群体的贫穷率确实要显著高于其他群体，但差距现在已经开始逐渐缩小了。[1]

有些学者一直留有的印象是，不断加速的增长并没有帮到表列部落。这种印象可能有部分是因为毛派在表列部落所集聚的一些特定区域发动叛乱，另有部分则是当这些部落所在的区域被开发采矿时，没有得到足够的补偿。虽然不能否认这些负面影响，但表列部落的贫穷率也确实在下降。在这一方面，需要牢记两个要点。首先如图3.3所示，贫穷率的下降是从20世纪80年代初开始的，而叛乱与采矿活动的扩张在时间上更晚。其次，那些拥有最多表列部落人口中的邦，包括中央邦、马哈拉施特拉邦、拉贾斯坦邦和古吉拉特邦，都没有发生类似的叛乱。

---

[1]　Thorat 和 Dubey（2012）也指出相对于全体人口而言，社会弱势群体减少了更多的贫穷人口。

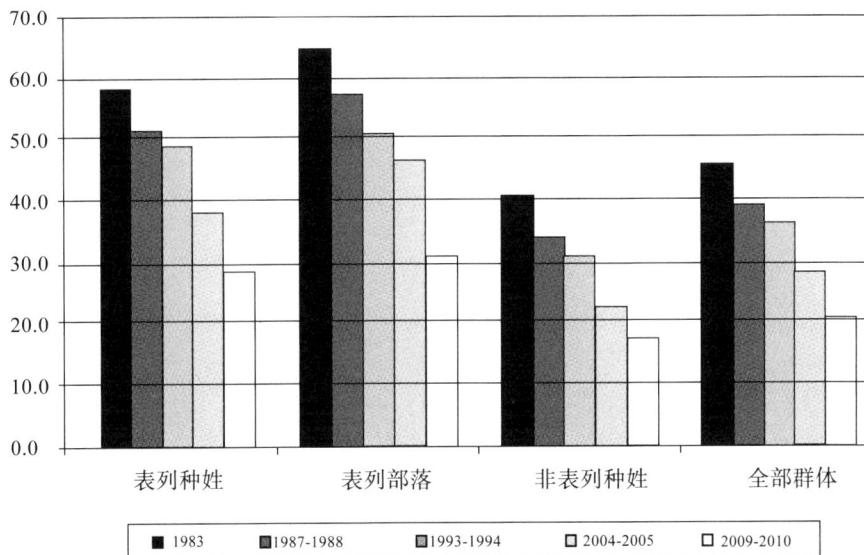

图3.4 各社会群体的贫穷率演变情况

来源：见图 3.3

最后，我们也要简单地谈一谈各宗教团体的贫穷趋势。根据 Mukim 和 Panagariya（2013）的估计，所有宗教团体的贫穷率都在下降。尤其是穆斯林的贫穷率从 1983 年的 52.2% 降到了 2009—2010 年度的 25.8%，其中最大幅度的下降——9.3 个百分点——出现在从 2004—2005 年度到 2009—2010 年度这几年间。

Dehjia 和 Panagariya（2012a）采取了另一种方式来分析自由化对不同社会群体的影响。他们利用国家样本调查组织在 2001—2002 年度和 2006—2007 年度所收集的调查数据，分析了表列种姓和表列部落在服务业部门的企业家地位。①他们所发现的企业家情况非常类似于 Mukim 和 Panagariya（2013）在关于贫穷的研究中所得出的结论。根据企业的附加值和雇工数量计算，表列种姓和表列部落所占的比例都低于他们在总人口中的相应比例，这反映出

① 这些调查区分了不同社会群体所拥有的私人企业和合伙企业，但不包括合作企业与股份制企业。因此，我们可以借此研究私人企业与合伙企业内部的社会群体变迁史。

历史上的不公平还未消除。但每个社会群体内的企业家所创造的附加值和雇工数量都有很明显的增长。[①]

表列种姓和表列部落内的企业家数量已经出现了大幅增长。一些证据表明达利特也开始获得大量财富。媒体尤其广泛报道了 30 位达利特 crorepati（crore 等于 1000 万，crorepati 也就是拥有 1000 万卢比或更多的人），这些人都是创业第一代，他们被邀请参加了计划委员会在 2011 年 1 月专门为他们组织的会议。其中有一位叫 Milind Kamble，他是于 2005 年成立的印度达利特商业与工业协会的主席。按他的说法，"包括我在内，绝大多数达利特的大型企业都是 15 年前建的。随着全球化的到来和许可证制度的消失，许多机会突然出现在我们面前"。[②]关于在计划委员会所举行的会议，他说，"当计划委员会问我们有多少人利用政府项目来做生意时，他们震惊了。只有一位孟买企业家举了手，讲述了他是如何花了 2 万美元和 3 年时间与政府部门交流，想拿到项目，最后赚了 15000 美元"。

因此，与一般的印象（尤其是某些批评者的先天恐惧）相反，是改革和增长，而不是政府支持，为表列种姓和表列部落的大大小小企业家打开了机会之门。

神话3.4　计划委员会在贫困线问题上玩弄政治

那种认为计划委员会在贫困线问题上反复无常的看法离事实太远了。[③]在贫困线这个问题上，印度一直坚持以最高的专业标准来计算。

在 2011 年进行修订以前，官方的贫困线标准都是完全根据 1993 年拉

---

① 在表列部落拥有的企业中，其市值和雇用工人数量的增加速度要快于整体的平均速度。因此，在 2001—2002 年度到 2006—2007 年度，表列部落拥有企业的增加值与雇用工人数量占整体的比例提高了。对表列种姓来说，其增加值的增长速度略低于平等，但工人雇用数则显著高于平均。因此，尽管成长很快，但其增加值占全体企业的比例略有下降，而雇佣工人所占的比例占上升了。

② 见 www.globalpost.com/dispatch/news/regions/asia-pacific/india/110421/india-untouchable-dalit-business-entrepreneur（2012 年 11 月 10 日访问）。

③ 下面的讨论主要参见 Panagariya（2012a）。

克达瓦拉委员会的建议。①贫困线是基于农村或城市居住者分别能每天获得
2400 或 2100 卡路里热量，再加上满足基本的衣服和住房需求。2011 年，
计划委员会采纳了由 Suresh Tendulkar 教授领衔的委员会对拉克达瓦拉贫
困线的修订意见，并上呈给高等法院。Tendulker 教授的正直和水准是无可
指责的。

在 2011 年下半年，媒体为公众所营造的印象是，计划委员会上呈给高
等法院的宣誓书有意降低了贫困线标准，让许多穷人无法享受应属于他们
的福利。当计划委员会于 2012 年春提出报告，表明从 2004—2005 年度到
2009—2010 年度的贫穷减少速度要快于从 1993—1994 年度到 2004—2005
年度时，这种印象又一次摆到了公众面前。但这些看法都是错误的。

在第一个例子中，计划委员会实际上是提高了贫困线，虽然在第二个
例子中没作改变。在 2011 年，计划委员会上报给高等法院的贫困线是基于
Tendulkar 委员会的建议，提高农村的贫困线标准，但保持城市的贫困线不
变。计划委员会只是简单地编辑了 Tendulkar 委员会的建议而已。

当计划委员会在 2012 年春报告说，从 2004—2005 年度到 2009—2010
年度的减贫速度快于从 1993—1994 年度到 2004—2005 年度时，所谓贫困线
下调的说法又到处流传了。举例来说，NDTV 网站的一个头条这样报道，"计
划委员会进一步将（城市）贫困线（从高等法院所示文件的 32 卢比）下调
到了 28 卢比"。但实际上，计划委员会没有做过这样的事。高等法院提出的
2010—2011 年度的 32 卢比线之所以高于 2009—2010 年度的 28 卢比线，完
成是因为 2010—2011 年度物价变得更高了。

最后一个指控是说计划委员会设置的贫困线水平极低，这样就可以将大
量的贫穷人口排挤出政府的再分配项目之外。虽然持理性态度的人们可能
会对是否应当进一步提高贫困线持不同意见，但这个问题要远比一般人所

① 拉克达瓦拉教授不仅是贫穷问题的顶尖学者，他还站在了许多一流学者的肩上，包括尼赫鲁总理亲自挑选
的计划委员会展望计划部门负责人 Pitamber Pant，以及关于独立后印度贫穷问题的第一流学者 V. M. Dandekar
和 Nilakant Rath。虽然拉克达瓦拉教授在委员会报告发布以前便过世了，但该份报告主要仍是由他和其他委员
会成员协力完成的。

理解的更为复杂。在印度以及全世界，设置贫困线背后的指导目标是监控与贫困作战的进度。因此，在传统上，贫困线会设在足够满足基本生活的水平上。

要理解提高贫困线的困境，最好的办法是想一想，如果按照那些批评计划委员会的人所赞成的来设定远高于当前水平的贫困线，会发生什么情况。比如说，假定我们按2009—2010年度的物价，将贫困线标准提高到农村80卢比、城市100卢比。

那么这又意味着什么呢？首先，如果基于2009—2010年度的支出调查，他们就会把贫困线设在95%的农村人口和85%的城市人口处。但不会有学者认为今天只有5%的农村人口和15%的城市人口脱离了贫困。虽然我们认为贫困线的标准应当比赤贫更高，但把测度标准定在95%的农村和85%的城市地区是无助于我们讨论如何成功地与贫穷作战的。

其次，让我们转到再分配问题上，如果我们提高城市中15%最高收入人口的税收，然后把所得平均地分配到95%的农村人口和85%的城市人口中，那么对真正处于赤贫状态的30%—40%人口来说会得到什么好处呢？由于税收收入仍然不多，针对穷人的大规模再分配活动恰恰会限制对40%左右最穷人口的帮助。把收入薄薄地分配给大多数人，会使得赤贫人口无法得到足够的帮助。

举个极端的例子，假定我们按照2009—2010年度的支出调查，把所有的支出都平均地再分配给全部人口。这样的再分配只能让每个人都拥有每天45卢比的开支。这个水平远远低于那些批评计划委员会的人在近来的讨论中所鼓吹的最低标准。

神话3.5 贸易开放会恶化贫困

本章讨论的最后一个神话是批评者所称的全球化不利于穷人。它所指控的是，一项特定的政策改革——扩大贸易开放——会增加贫困。国际货币基金经济学家Petia Topalova（2007）的一项研究更增强了这种声音，他认为开放度的加大只会对印度穷人造成负面影响。[1]

不过，一些经济学家已经成功地挑战了她的研究，指出贸易的开放反而会减少贫穷。考虑到这个议题的重要性，以及 Topalova 神话的影响力，我们会在下面简要地介绍这些研究（那些对必要的技术论证不感兴趣的人可以略去不读）。

Topalova 所提出的问题是，印度的农村和城市地区（根据它们所生产的产品和数量，会分别受到不同程度的来自进口产品的竞争）在贸易自由化过程中，贫穷人口到底是增加还是减少了。她用关税来测度开放程度，并用高关税部门和低关税部门的就业水平作校正。在地区水平上，她发现开放程度与农村的贫困率增加有关联，但与城市的贫困率并无统计上的显著效应。她没有在印度的农村或城市地区发现开放与消除贫困相关的证据。这些结论非常惊人，因为如我们前面所说的，在劳动力丰富的经济体中，贸易开放会普遍刺激增长，尤其会扩张劳动密集型产业，因此它应该会降低而不是增加贫穷。

Hasan，Mitra 和 Beyza Ural（2006—2007）已经重新研究了这个问题。他们认为在县（district）水平上分析贫穷和贸易开放度会带来一些问题。举例来说，国家样本调查组织在 1993—1994 年度所做的支出调查数据并没有分离出城市里的县。县的边界也会随着时间而变化。在县水平上，样本还有随机性的问题。最后，有些时候地区的观察量不足以产生可靠的贫穷估计。

因此，这些作者在邦以及（国家样本调查组织所区分的）邦内的地区（region）层面上研究了这些问题。因为邦内有一个或更多的地区，所以地区的数量多于邦的数量，自由度也更大。他们的研究方法也要比 Topalova 的更进步：相对于县水平，集中于地区层面的研究可以对贫穷问题作更严格的估计，而比起邦层面上的研究来，又可以作更严格的回归方程研究。

这些作者还指出，Topalova 在测量开放度时，将零贸易部门设定为零关税是错误的做法。许多产品和服务之所以是零贸易，恰恰是因为贸易壁垒

太高了。因此他们把开放定义为关税的就业加权总和，只有可出口的产品才可以算成零关税，非贸易部门则排除在计算之外。这些作者同时还计算了非关税壁垒，而这是 Topalova 所忽略的。

与 Topalova 的贸易开放与贫穷减少无关的观点完全相反，在邦或区域的层面上，这些作者甚至连一个减少贸易保护恶化了贫穷问题的实例都找不到。相反，他们发现在那些面对着更多外来竞争的邦，农村、城市以及总的贫穷率都更低。在那些拥有较灵活的劳动力市场的邦，这种有利效应更为明显。总体结论是，城市和农村贫穷率在不断变化，而且具有统计的显著性。

Jewel Cain，Hasan 和 Mitra（2012）同样重新研究了这个议题，进一步强化了 Hasan，Mitra 和 Ural 的发现。他们运用了 2004—2005 年度最新的样本调查数据，发现关税率下降每一个百分点，贫穷率就会减少 0.57 个百分点。这意味着，1987—2004 年度间的贫穷下降中，平均来说有 38% 可以归因于外贸开放带来的变化。由于作者控制了时间固定效应，而且贫穷随着时间而逐渐削减，因此可以推断出当劳动力面对更激烈的外国竞争时，减少贫穷的速率反而会加快。其影响的幅度和统计上的显著性会因变量为农村、城市以及两方面的总和，或者采取了不同的关税和非关税措施时，自然地发生变动。但在任何情况下，作者们都没有发现扩大开放会导致贫穷增加的现象。

最后，Mukim 和 Panagariya（2012）将数据按不同社会群体进行分解，并分析了所有农村和城市的社会群体，贸易开放对其贫穷状况的影响。他们没有在任何群体中发现收入或开放度的上升会负面影响贫穷的例子。他们还发现，按农村、城市和两者的总和来计算，开放政策在统计上都显著地降低了表列种姓和非表列种姓的贫穷水平。但对表列部落而言，只是在城市地区，开放政策才在统计上显著地减少了贫穷。

第四章　改革与不平等

在 1980 年以前，经济增长率平均还不到 4%，而从 2003—2004 年度开始的 8 年中，增长率猛升到 8.5%，这意味着新创造出了大量财富。在 2000 年以前，印度还没有一位身价达十亿美元的富翁，到了 2007 年，根据《福布斯》的报道，印度已经有了 55 位十亿级富翁。

这又导致了一些人批评说，改革产生了巨大的收入不平等，今天的印度已经变得类似于美国 19 世纪末的镀金时代。但这种看法其实似是而非，在严谨的分析面前自然不攻自破。

神话4.1　改革加剧了不平等

首先我们要指出，合理的测度不平等并不是一个简单的技术问题——比如说，经济学家普遍用来研究印度和世界其他地方不平等状况的基尼系数是不是一个合理的指标？测度不平等的合理方法必须要能够反映更为广泛的大众所关心的问题。

因此，能够应用于公共政策讨论的不平等测量方法必须具有显著的政治和社会意义。举例来说，如果孟买的收入提高了，但马哈拉施特拉邦的勒德纳吉里县没有提高，那么孟买和勒德纳吉里之间的收入不平等显然会扩大。但如果勒德纳吉里的居民没想过要和孟买比较的话，这种不平等测度有何关联性呢？同样，城市—农村之间的不平等在相关性上也非常小。

另一方面，如果孟买城内部的不平等现象加剧了，穷人自然会跟周边比邻的富人进行比较。类似的，如果在我们大学（纽约哥伦比亚大学）内部的薪酬不平等加剧了——校长坐拥最高薪酬——那么最低薪水就成了一个显著问题，但我们教授的薪水与华尔街之间的差距并不是问题（至少到目前为止）。[①]简而言之，一个村庄或一个体系内部的不平等加剧会引发怒火，但互相关联不大的群体之间的不平等产生的影响很小。

因此，不平等加剧的政治和社会含义要看其具体的社会背景。如果不平等加剧，而富人又大肆挥霍，这就有可能点燃社会仇视的炸药。但如果社会流动性很强，穷人或许会喜欢而不是怨恨显著的社会不平等，因为他们认为自己有一天也可能成为"大人物"。

现在让我们按这种思路，分析在像印度这样的国家中，关于富人与穷人之间再分配问题的一般化经济讨论。首先，在一个快速增长的经济中，会滋生某些形式的不平等问题。增长自然创造出财富。少量的企业家主导着财富的创造，且其分配方式不可能是完全利他主义的，那么最富裕的少数人与其他大多数人之间收入与支出的不平等便会不断拉大。

同样，快速增长也通常是由少量的集结地区（经济活动集中的某些地理区域）所主导，它们形成了城市中心，这会拉大城市—农村之间的地区不平等。但另一方面，在一个劳动力丰富的经济中，促进增长的政策会导向专业

---

① 经济学家的高收入要归因于他们能在学校外面找兼职。因此有许多收入较少学科（如人类学、哲学和比较文学）的学者都对此心怀不满。有行内笑话说，如果你想要反自由主义和反建制主义的请愿书，去找那些低收入部门肯定会拉到很多签名；他们对任何请愿书都非常热情。

化的劳动密集型产品，增加穷人的就业和工资。穷人能够从乡村的低收入工作转到快速增长的城市群从事高收入工作，降低了不平等。

基于上述背景，那么印度的实际情况又是如何呢？下面的证据表明，与人们的普遍印象相反，并未发现明确的不平等上升趋势。

Krishna 和 Sethupathy（2012）最近利用国家样本调查于 1987—1988 年度、1993—1994 年度、1999—2000 年度、2004—2005 年度的家庭支出调查根据，探讨了印度的不平等状况。[①]他们认为在不同邦、城市和农村地区内部的家庭不平等状况有所减少。举例来说，邦内部的不平等状况解释了总体不平等状况的 90%（见图 4.1）。而不同邦之间的不平等只占总体不平等状况的不到 10%。同样的，农村和城市内部的不平等占了总体不平等状况的 90% 以上。

重要的是，这段时期中总体不平等现象只有温和的变化，在 1988—1994 年和 1994—2000 年有轻微的上升，到了 2005 年，不平等状况又降到了略高于 1988 年的水平（见图 4.1）。邦内部的不平等趋势也反映出整个国家的情况：在绝大多数邦中，1994—2000 年不平等状况上升，而在 2000—2005 年度则呈下降。事实上，在 2000—2005 年，只有 4 个邦——米佐拉姆邦、马哈拉施特拉邦、奥里萨邦、哈里亚纳邦——出现了明显的不平等上升。各邦内部的农村和城市也呈现出相同的趋势，大多数地方的不平等状况在 1994—2000 年上升，但在 2000—2005 年下降。

其他研究者的结论，包括 Weisskopf（2011）所做的全面调研，也接近 Krishna 和 Sethupathy 的研究，而与社会的一般看法相左。他们认为自 20 世纪 80 年代起，随着改革的进程，不平等程度起起伏伏，总的来说有温和的上升。这些研究者采用基尼系数，发现通常只有 2—3 个百分点的变动，偶尔有 5 个百分点左右的变化。可有意思的是，有些研究者却认为这些变化代表了"重大"或"普遍"的不平等状况上升。

---

① 他们使用的不是基尼系数，而是经济学家所称的泰尔指数。后者的优势在于它可以将一个群体总的不平等分解为亚群体内部和之间的不平等。比如说，它可以将国家中的家庭不平等分解为各邦内部和各邦之间的家庭不平等。和基尼系数一样，泰尔指数也是在 0—1 之间。

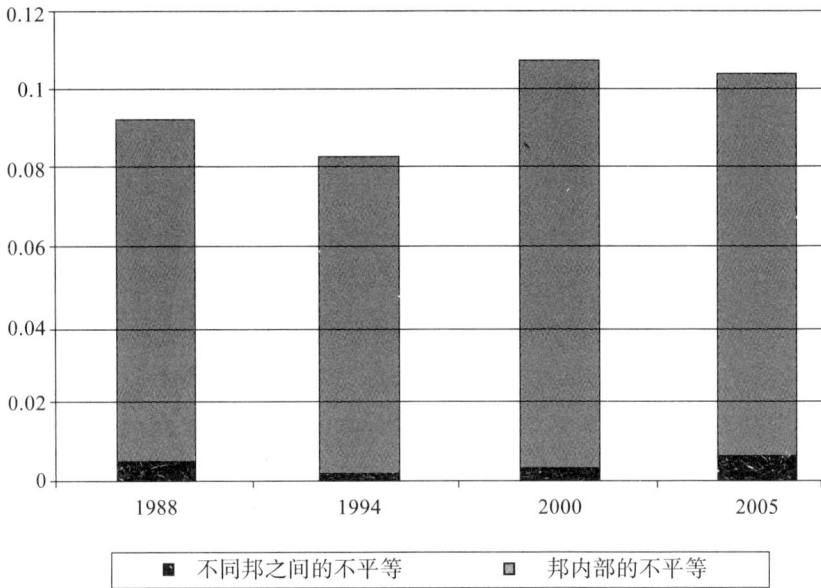

图4.1　家庭内部 vs. 全国范围内的不平等变动情况

来源：Krishna and Sethupathy（2012，图 6.9）

Deaton 和 Drèze（2002）的估计表明，农村的不平等没有明显的上升趋势，而城市则有少量的上升。但在论文中，他们令人惊讶地总结道，"总之，没有明确的证据表明各邦中农村内部的不平等上升，但我们发现有强烈的信号显示 20 世纪 90 年代的经济不平等出现了普遍上升。这是印度经济的一种新发展变化：直到 1993—1994 年度，按农村和城市地区的人均消费支出计算，全印度的基尼系数一直是相当稳定的。"（p. 3740）显然，他们的惊人结论并不与他们的统计研究一致。

以几乎完全相同的思路，Weisskopf（2011）引用 Patia Topalova 的研究后指出，"所有的测度都表明在整个 20 世纪 90 年代，不平等程度有了显著的上升"。（p. 46）但根据 Topalova 和 Weisskopf 计算，基尼系数从 1983—1984 年度的 31.9 变化为 1993—1994 年度的 30.3，再到 2004—2005 年度的 32.5。从 31.9 到 32.5 的变化，甚至还谈不上统计显著性，又如何可以称之为不平等的"显著"增加呢？[1]

Krishna 和 Sethupathy 的研究还意外地发现了，各邦中家庭间的不平等程度变化与邦层面上关税和非关税保护的变化没有相关性。贸易开放并没有增加不平等。

改革的批评者也已经有了新的话题：各邦之间的增长是不平均的，因此这又导致了各邦之间不平等程度的上升。这是对的，因为平均来说富邦的增长速度要超过穷邦。如果这导致落后邦中穷人的怨恨，可能会带来政治上的压力。但我们要先记住以下四个事实。

第一，如 Panagariya（2010a）和 Chakraborty 等（2011）所表明的，从2003—2004 年度到 2010—2011 年度，几乎所有邦的增长速度都显著快于以前的任何时期。因此，各邦之间存在不平等并不是说较穷的邦便一直贫穷或甚至有所恶化。它只是反映出当各邦都在快速增长的时候，较富裕邦的增长速度快于穷邦。

第二，两个较穷的邦——比哈尔邦和奥里萨邦——是今天增长速度最快的邦。它们的成功说明当国家政策倾向于增长并且某些邦率先开始快速增长时，对穷邦而言，通往成功的大门也打开了。如 Bhagwati 和 Panagariya（2004）与 Panagariya（2009a）已经指出，以及 Gupta 和 Panagariya（2012）所详细分析的，有可能会出现扩散效应：当经济中的其他地区快速发展时，较穷邦中的选民会对领袖提出更高的要求，推进政策改革以促成繁荣。比哈尔邦和奥里萨邦都一再选出了精明能干的邦长。

第三，某些邦的快速增长会开展有利于较穷邦的大规模再分配计划。比如说，如果不是一些邦有足够的收入提供支撑，对较穷邦更为有利的国家农村就业保障计划是无法开展的。

第四，劳动力会在各邦间流动。众所周知，比哈尔邦的劳动力传统上会到孟买和加尔各答找工作，这跟旁遮普邦和山里面的人一样。也就是说，快

---

[1] 某些分析家的看法的依据是，NSS 的支出调查关于支出不平等的估计，有系统地低估了最上层的分配情况，而且这种低估状况随着时间推移变得更为严重。然而没有足够的证据，我们无法相信这一点为真。

速增长的地区会吸引来自增长较慢的邦和地区的劳动力，于是财富就会通过一些常见的渠道（如汇款）扩散到增长较慢的地区。

不平等的一个更重要问题是社会弱势群体。批评者当然又一次断言，在经历了快速增长之后，弱势的表列种姓和表列部落与其他非表列种姓之间的收入差异越来越大。但是 Hnatkovska，Lahiri 和 Paul（2012）经过全面的分析，指出这样的看法并无经验证据的支持。

他们利用国家样本调查在 1983 年、1987—1988 年度、1993—1994 年度、1999—2000 年度、2004—2005 年度的就业—失业调查数据，表明自 1983 年起，表列种姓和表列部落的工资已经呈现向非表列种姓收敛的趋势。他们还证明了两个群体之间的不同教育水平是收敛的最大动力。在改革之后，表列种姓和表列部落有能力利用印度的快速增长与结构改革，快速地缩减了他们与非表列种姓和部落之间历史上形成的巨大经济差距。

神话4.2　感谢改革，现在的印度变成了19世纪美国所经历过的镀金时代

亿万富翁的涌现，以及一些巨型腐败案的被披露，让像 Sinha 和 Varshney（2011）这样的学者认为今天的印度已经进入了类似于美国 19 世纪末的镀金时代。[①]

在美国的那个时期，有 4 个问题极为猖獗。第一个是美国的商业精英走向"粗俗的物质主义"，大肆进行炫耀性消费。第二，像约翰·D.洛克菲勒和安德鲁·卡内基这样的人聚敛了天量财富，而大众则只能辛苦赚得微薄的工资。第三，这些巨富并不是"企业界领袖"，而是"强盗贵族"，其财富建立在肆意破坏商业惯例和强力打压劳动者成立工会的基础上。第四，（用当代的话说）官商勾结，这些强盗贵族和腐败政客互相利用，窃取国家的财富。

---

① 一些人认为美国镀金时代的高点是在 1869—1877 年，也就是尤利西斯·格兰特担任总统期间，还有许多作者则将 1878—1889 年也包括在内。

马克·吐温与查尔斯·杜得利·华纳（Charles Dudley Warner）合写的小说名为《镀金时代》，这词现在已经家喻户晓。①这书反映的背景是当时铁路运输的迅猛扩张，初级资源被源源不断地从西部边疆输送到东部，美国经济也因为钢铁产量的猛增而飞速发展。石油和银行业以前所未有的速度发展，使得这些企业巨头获得了惊人的财富。关于镀金时代的往事无疑令批评者找到了许多伴随快速增长而来的糟糕情况。

对于暴发户来说，奢华的派对是一种生活方式。当时有过这样的报道："Sherry 餐馆为纽约马术俱乐部提供正式的马背晚宴。而斯图伊文森特·费希女士有一次却为她的狗在那里开了一个晚宴派对，那条狗来时还戴着价值15000 美元的颈圈。"②

当时人们还普遍憎恨的是，一方面是财富的极度集中，另一方面是在不断扩大的城市中，到处可见的贫民窟，生活在其中的租户们只能挣到维持生计的基本工资。一般人的感受是，富人穿金，穷人只能披麻。有越来越多的声音谈到了暴力的报复：担心会出现"复仇嘉年华"。

面对这种背景，劳动者开始组织起来抗议长时间工作和低工资，那些强盗贵族有时还血腥地镇压罢工。甚至连安德鲁·卡内基这位自称同情穷人的人，在面对 1892 年的霍姆斯特德罢工时，也支持他的经理亨利·弗里克把工人关在外门，并雇用私人打手镇压罢工的办法。这并非孤立事件。

这些商业巨头也利用了治理真空来获得垄断控制权。最臭名昭著的要属约翰·D. 洛克菲勒的标准石油公司，他在 1870 年将这家公司建成为美国第一家垄断托拉斯。反垄断立法要到后面才出现：1890 年的谢尔曼反垄断法，以及后来更严格也更有效的 1914 年克雷顿反垄断法。

那也是个政府最为腐败的时代，上至总统，但更为普遍的是在地方政府层面，商人和政府勾结起来共享地方上的现金补贴和土地赠送，以某个"社会目标"（如建设铁路）为借口，实际上就是为了诈取共同财富。

---

① 在进步时代，许多作家，包括厄普顿·辛克莱，写作了许多关于穷人所面对的恶劣社会条件的小说。这些作家被称为"扒粪者"。

② 参见 www.pbs.org/wgbh/amex/carnegie/gildedage.html（2012 年 11 月 10 日访问）。

那么今天的印度是这样的镀金时代吗？当然，确实有表面上的相似之处。19世纪美国的快速增长催生了包括范德比尔特、卡内基、洛克菲勒和摩根等一批富豪，印度也产生了一大批亿万富翁。跟美国镀金时代的强盗贵族一样，印度的亿万富翁也在采矿和土地资源方面操纵游戏规则，并阻止外资的进入。但相似性也就仅止于此了。[①]

美国镀金时代的情况与当前的印度存在巨大差异。在镀金时代的开始，美国所主导的经济哲学是自由放任。在联邦层面上，没有有效的监管、劳动或社会立法。监管立法的两个关键步骤——1887年旨在限制铁路垄断权力的州际商务法，和1890年的反商业垄断的谢尔曼法——都是在这个时期颁布的。为工人、穷人和老年人提供保护的关键法律要到更晚的时候才制定。除了极少数例外情况，当时只有白人男性才拥有投票权。

与之相反，印度在改革及快速增长之前已经经历了几十年的命令—控制体系，以及倾向于劳工的严格法律，所以根本不可能出现当年美国强盗贵族镇压罢工的情况。印度长期以来的国家承诺便是根除贫穷，而且自独立以后便实现了所有成年人的普选权。这个国家拥有自由民主的所有要素，穷人也能通过投票箱有效地影响政治。

经济改革让企业家拥有了更多的自由，但还谈不上自由放任。铁路在印度由公共部门垄断，政府在像钢铁、煤炭、石油和工程产品上仍然是主导者。虽然私人部门进入了航空、通信、保险和电力业，但国有企业仍然活跃在这些行业。在银行业，国内和国外的私营机构已经有所扩张，但国有银行占据了主导位置。而且什么都管的竞争委员会还任命了一些部门管制机构，以监管商业行为。

在美国的镀金时代，像钢铁、石油、糖、肉类加工，以及农业机械制造等主要行业都被"托拉斯"所控制，这与今天印度的情况并不一样。许多行业中有多样的国内企业，彼此互相竞争，同时还跟进口产品及国外投资者较量。不断增加的竞争压力会在航空、电信、汽车、自行车、冰箱和空调等行

---

① 见 Panagariya（2011d）。

业压低价格、提高产品和服务的质量。

今天的印度工人待遇与 19 世纪末期美国镀金时代的情况不可同日而语。在镀金时代，工人每周要工作 60 个小时，没有退休金、工伤赔偿，以及失业保险。与 1892 年霍姆斯特得钢厂以及 1894 年乔治·普尔曼铁路公司的破坏罢工行为不同，印度的劳动法为产业工人提供了高度的保护。

最后，在镀金时代的美国，各州没有为收入分配的最底层（包括农民）提供任何保护，而今天的印度非常关注穷人的命运。事实上，增长和各种社会项目已经显著地减少了贫穷。这些变化同样有利于各种弱势群体，如我们前面提到的，已经出现了许多达利特出身的百万富翁。

那么腐败呢？今天的印度与镀金时代的美国相比又如何？批评者认为改革之后的印度已经走向了裙带资本主义。这意味着印度的企业家主要是与政客合谋，通过公开欺诈获取财富，而不是创造财富。[1]但这种看法毫无说服力。比如在墨西哥，亿万富翁卡洛斯·斯利姆·埃卢通过各种办法为自己获得垄断利润，而绝大多数印度企业家则是在高度竞争的市场上创造财富。Alfaro 和 Chari（2012）所做的实证研究也表明，印度高度竞争的市场令得处于边缘的新企业不断进入。当然，我们也可以找到像雷迪兄弟这样的例子，根据最新的起诉书，他们通过非法采矿获取大量财富；但在印度绝大多数从事信息技术、电信、制药或工程制造业的企业家当中，这只能说是个案。

美国的镀金时代制造出了洛克菲勒和范德比尔特，今天的印度也崛起了如 INFOSYS 的纳拉亚纳·莫尔蒂，WIPRO 的阿兹姆·普雷姆吉，以及马亨德利银行的乌代·科塔克等巨富。但在他们的成功故事中并没有一点腐败的影子。他们都广泛地参与社会活动，承担企业与个人的社会责任。卡内基和洛克菲勒在死时才捐赠他们的财富，而印度的巨富们在赚到钱的同时便大量捐献。而且，他们的生活方式都很简单，并不以炫富为荣。

虽然印度首富穆克什·安巴尼也在孟买建了一幢广受批评的奢华大楼，但总的来说，印度富豪在炫耀个人财富和物质享乐主义方面远不能跟 19 世

---

[1]　因此获利的商人都是政客们的"裙带"。当然相关贿赂是不会去"裙带"那儿的。

纪的美国，或 20 世纪 70 年代以来的纽约，甚至金融部门从当前危机中复苏以后的情况相比。或许最受人非议的形式要属那些耗资百万，奢华无度的婚礼，但这毕竟是长久以来的文化传统。

因此，印度并没有倒退到美国的镀金时代，有人或许会问，那么中国呢？可能更接近一点。工会的权利欠缺，奢侈性炫富普遍，以及缺少个人和公司的社会责任。这方面印度要比中国的情况好。

第五章 改革及其对卫生保健和教育的影响

批评者最后瞄准了推动经济自由化及经济增长的改革计划：它们没有提高教育和卫生保健水平。批评者认为印度在这些方面落后于其他发展中国家；像喀拉拉这样的邦选择了不同的道路，表现得更好；而像古吉拉特这样依赖于增长的邦则远远不能令人满意。但这些看法都是神话，经不起仔细分析与数据的检验。

神话5.1 贫穷或许是减少了，但印度甚至跟其他更穷的国家比起来，在卫生保健方面的成绩也相当差

近来媒体所关注的儿童营养指标，将印度放在了低于所有撒哈拉以南非洲国家的位置上，这给了人们极普遍的印象，那就是印度不仅在营养方面，

而且在所有的健康指标方面都要差于这些国家。

一方面，批评者把印度与更为富裕的中国和更为贫穷的孟加拉国进行比较，所传递的信息是，尽管印度在增长和减少贫穷方面成绩不菲，但不管跟较富还是较穷的国家比，印度在卫生保健方面都严重落后。[①]但这些推断是相当错误的。在总的健康方面，印度并不是一个后进生。事实上，印度与其他人均收入相似的国家处在同一水平上。此外，有些人均收入水平相近或较低的国家在某些特定指标上胜过印度（如人均预期寿命），这通常是因为它们一开始就走在了前头。历史上的优异表现可以一直维持到现在，虽然近几十年来它们做得并不好。一个时期的进步情况必须由这个时期的所得来判断。

我们首先要消除那种认为根据人均收入的统计指标，印度的表现落后于所有撒哈拉沙漠以南国家的看法。在图 5.1 中，我们用四个健康指标，按人均收入划分来表现印度相对于所有撒哈拉沙漠以南国家的位置，这四个指标分别是人均预期寿命、产妇死亡率、成年死亡率和疟疾死亡率。我们可以看到，跟那些人均收入相似或较少的国家比，印度的表现很好，事实上在很多情况中，印度的表现也不逊色于那些人均收入更高的国家。

但印度与批评者最爱提及的孟加拉国和中国相比，情况又如何呢？表 5.1 根据 2011 年世界卫生组织（WHO）的出版报告，列出了这几个国家的一些重要统计数据。

先看孟加拉国。我们首先要将孟加拉国的成就加以平准，而不是无条件的赞美孟加拉国，然后将批评对准印度。

用健康指标来衡量，孟加拉国相对于印度的优势远没有批评者们所认为的那么明晰。印度和孟加拉国的人均预期寿命是一样的。孟加拉国的婴儿死亡率要低于印度（41/1000 相对于印度的 50/1000），但死产率则抵消了这个差距（36/1000 相对于后者的 22/1000）：几乎所有强调孟加拉国的低婴儿死亡率的观察

---

① 在前面提到的专栏文章中，阿马蒂亚·森（2011）这样写道："印度当前的人均收入超过孟加拉国的两倍。然而印度的收入优势是如何体现在这些真正重要的问题上的呢？我认为很少——事实上几乎没有。"森还引用了 Jean Drèze（2004）的文章，题为"孟加拉国指出了方向"，认为孟加拉国在健康问题上走在了前面。Drèze 和 Sen（2011）最近的文章又重复了这些观点。

者都忽略了这一点。①孟加拉国的产妇死亡率要高于印度。两国的疟疾致死率相似，孟加拉国只在营养指标上略微胜过印度。

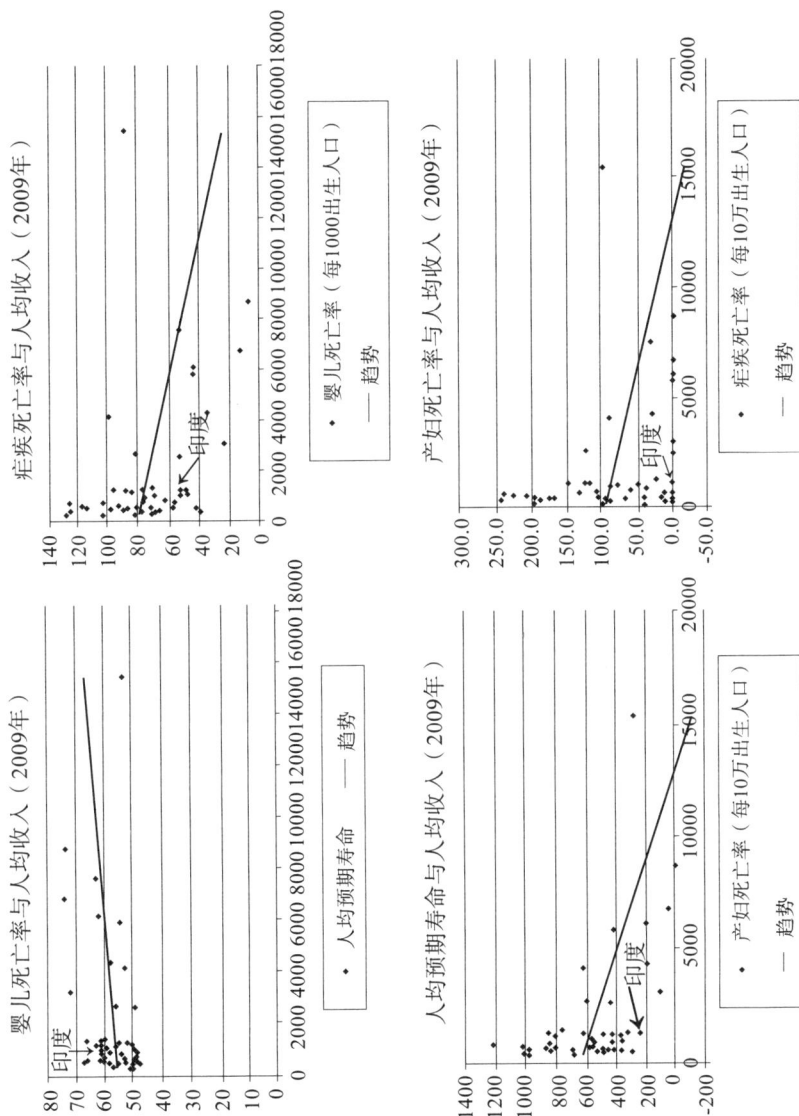

图5.1　根据人均预期寿命、婴儿死亡率、产妇死亡率、以及疟疾死亡率，比较印度和撒哈拉沙漠以南国家

---

① 比如说，Drèze and Sen（2011）对印度相对于孟加拉国和其他南亚国家的公共健康成绩最近所做的抨击便是如此。

表5.1　所选指标：孟加拉国、中国和印度（2009年）

健康指标	印度	中国	孟加拉国
人均收入，2009年（当前美元）	1192	3744	551
人均预期寿命，2009年（岁）	65	74	65
死产率（每1000出生人口）	22	10	36
婴儿死亡率，2009年（每1000出生人口）	50	17	41
产妇死亡率，2008年（每10万出生人口）	230	38	340
疟疾死亡率，2008年（每10万出生人口）	1.9	0	1.8
儿童发育不良百分比，2000—2009年	47.9	11.7	43.2
儿童体重不足百分比，2000—2009年	43.5	4.5	41.3

来源：世界银行根据人均GDP所做的世界发展指标，世界卫生组织（2011）提供了剩余的指标

要比较孟加拉国和印度，我们必须先考虑历史。根据联合国（《世界人口展望》，2010年修订版）的研究，孟加拉国在1950—1955年的人均预期寿命为45岁，而那时印度的人均为38岁。1971年，孟加拉国的绝大多数健康指标都出现了剧烈下降，但在接下来的时间又逐渐恢复。至少孟加拉国在20世纪80年代及以后取得的某些进展可以归因于它原来的条件。

当我们对孟加拉国与西孟加拉邦进行比较时，这一点更为明显，两个地方有着共同的历史和地理。这不仅是因为它们都属于同一地域，而且它们都是独立前印度的一部分。从健康指标来看，西孟加拉邦要胜过孟加拉国。在2002—2006年，西孟加拉邦的人均预期寿命就达到了65岁，其2009年的婴儿死亡率为33/1000，2004—2006年的产妇死亡率为141/1000，要低于孟加拉国在表5.1中所显示的水平。[①]

再转到中—印的比较。一些批评印度在卫生保健方面表现的人认为，虽

---

① 我们也许还要加上，根据联合国人类发展指数，印度的排名领先孟加拉国十名。而阿马蒂亚·森这样力陈孟加拉国在人类发展指标上胜过印度的学者，也帮助联合国发展署设计了人类发展指数。可如Panagariya（2011b）所指出的，Sen（2011）在批评印度不如孟加拉国的文章中却忽视了这个指标。而且，Drèze和Sen（2011）仍然没有引用这个指标，虽然这篇文章的出版要晚于Panagariya（2011b）。

然从20世纪80年代以来，印度的经济增长在不断加速，但相对于中国而言，印度在提高健康指标方面表现极差。至少出于两个理由，这样的看法是有误导性的。

首先，在20世纪80年代、20世纪90年代及21世纪初，中国的经济增长都远快于印度。[①]第二，跟孟加拉国一样，中国也具有历史上的优势。举例来说，中国在20世纪70年代初的人均预期寿命就超过印度许多。（图5.2）

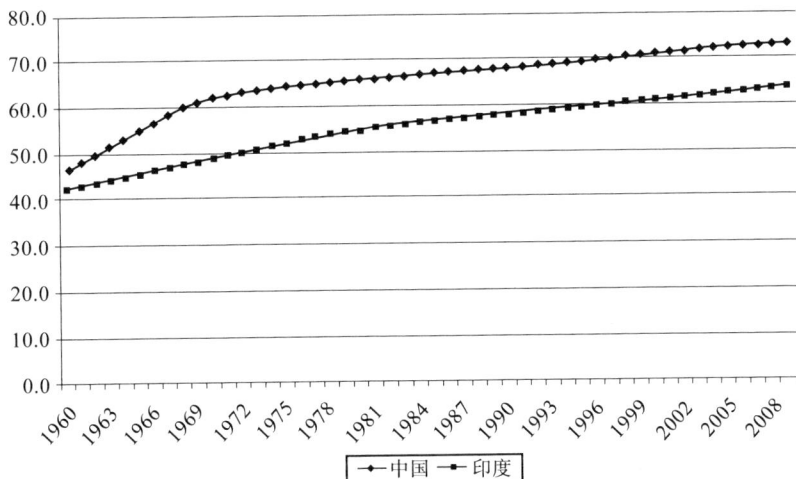

图5.2 印度和中国在1960—2009年间的预期寿命

来源：基于世界银行的世界发展指标

事实上，在最近几十年中，中国和印度在预期寿命的差距已经有明显的缩小。从1971年的最多相差13.2年降到了2009年的9.3年。具有讽刺意味的是，阿玛蒂亚·森在2005年的文章中批评了印度在卫生保健方面落后于中国之后，又这么说："中印之间的差距从（1979年以来）的14年降到了7年，这是因为中国的卫生保健体系从加拿大式体系转变为美国

---

① 那些批评印度的作者，经常赞扬孟加拉国虽然人均收入较低，却在健康方面取得优异表现。然而他们在把印度和中国相比时，却总是试图掩盖两国之间存在更大的人均收入差距。

式体系。"①

印度在改善卫生保健方面当然还有很长的路要走。但这要求我们对已有的经验和教训有一个现实的评估。如果收入增加确实能够提高健康水平，人们便需要认识到这一点。否则人们就会错误地认为增加收入并不是提高福利水准的关键。

神话5.2　印度的营养不良情况是全世界最糟糕的

印度人和外国的公民社会团体、记者、国际机构、博客，甚至印度的学者都不断地重复说，印度人的营养情况是世界上最糟糕的。有些人甚至认为国家在处理营养不良方面毫无进展。这是那些批评印度改革的人士最近所坚持的幻象。

举一个代表性的例子，Meg Towle 在哥伦比亚大学地球研究所网站上所贴的博客问道："印度正处繁荣之中，那为什么有接近一半的儿童营养不良？"Towle 贴出了一篇论文："印度有比世界上其他任何国家都更多的饥民，以及营养不良的儿童。2010 年的全球饥饿指数把全国的饥饿水平定为令人担忧，而且印度的得分低于许多撒哈拉沙漠以南国家，虽然印度的 GDP 要比它们高很多。"她又补充道："三岁以下儿童的体重不足的比例在 1998—1999 年度到 2005—2006 年度间没有什么变化，一直停留在 50% 左右。"②

印度的儿童和成人的营养状况是一个非常重要而紧迫的问题。要加以有效的处理，就必须先进行正确的分析。然而到今天为止，像 Towle 所写的这

---

① 见 2005 年 2 月 21 日《华尔街日报》的文章，"An 'Annie Hall' Moment: A Nobel Prize-Winning Economist Spouts Off, and a Chinese Survivor Sets Him Straight"，www.parrikar.org/misc/amartya-wsj.pdf（2012 年 3 月 3 日访问）。根据这篇文章，Sen 在中国香港的演讲中说中国在"文化大革命"时期的医疗保健取得了巨大进步，而近些年转向私人体系之后，公平和效率程度都下降了。不过，在场的听众包括一位香港银行家 Weijian Shan，他在"文革"期间曾做过赤脚医生。报道说 Shan 先生惊讶于森的看法，并这样说，"我当时所看到的中国一些地方完全没有医疗。整个系统是不可持续的。我们经常羡慕印度。"他又说，当他在 20 世纪 80 年代去中国台湾，观察那里的医学院毕业的医生时，"我们应该向他们学习"。他还说，如果毛时代的医疗体系可以选择的话，"没人会选它"。
② 见 http://blogs.ei.columbia.edu/2011/03/24/india-is-booming-so-why-are-nearly-half-of-its-children-malnourished-part-1（2011 年 9 月 21 日访问）。

类看上去很科学，缺少实地研究，只是借助于可疑数据的煽情作品，却充斥于公共政策论坛，误导了许多人。我们下面的分析会说明为什么是这样。

儿童营养　已经有非常严肃的将儿童身高和体重标准定义为发育迟缓（在该年龄段身高过低）和体重不足的研究。①但在我们讨论它们之前，先分析一下形成上述判断的证据。

回忆一下，印度在制订发展计划之初，便将健康问题视为一个需全面关注的重要目标。营养问题作为健康的一个环节，当然也不例外：第一个五年计划（1951—1956 年）中专门有一个独立部分讨论这个问题。更重要的是，印度可能是发展中国家中唯一一个从 20 世纪 70 年代起便定期进行系统和可比较的调查研究，以测定儿童和成人的营养水平。

早在 1972 年，位于海得拉巴（Hyderabad）的印度医疗研究顾问委员会便建立了国家营养监督局（NNMB），对 9 个邦的农村人口进行常规的营养调查。NNMB 的调查提供了 1975—1979 年、1988—1990 年、1996—1997 年、2003—2006 年间可比较的营养指标。

图 5.3 描述了根据上述调查，在 1—5 岁儿童中体重不足和发育迟缓的比例变化情况。这些估计是基于 NNMB 对全部 9 个邦的综合观测。我们不得不强调，这些检测表明儿童营养状况在稳定改善，与 Meg Towle 的看法完全相反（当然印度仍然存在极严重的营养不良问题，这个问题我们将在下面讨论）。

更晚近的一份全面研究来自全国家庭健康调查（人口科学与宏观国际研究所，2007），其结论证实了 NNMB 的估计。这份新研究覆盖了几乎所有邦的农村和城市地区，并进行了三轮调查，分别是 1992—1993 年度、1998—1999 年度和 2005—2006 年度。其中 1998—1999 年度和 2005—2006 年度这两轮对 3 岁以下儿童的营养情况作了调查，结果证明在这两个时期间，发育迟缓儿

---

① 还有第三种测量儿童营养的办法，就是身高体重比。这种测量方法的问题是就算同年龄的身高和体重都进步了，但如果身高的进步的程度不如体重增加，指标反而可能恶化了。因此我们不讨论这种方法。

童的比例从 51% 降到了 45%，体重不足的则从 43% 降到了 40%。

尽管营养不良的人数在减少，但如此高的绝对水平仍然成了媒体的头条新闻。一些电视频道和报纸每天的头条都写着，世界上增长速度最快的经济体，其营养不良状况却比撒哈拉沙漠以南的非洲国家还要差。记者、非政府组织、政客，以及印度国内和国外的国际机构都毫不质疑地接受了这一点。

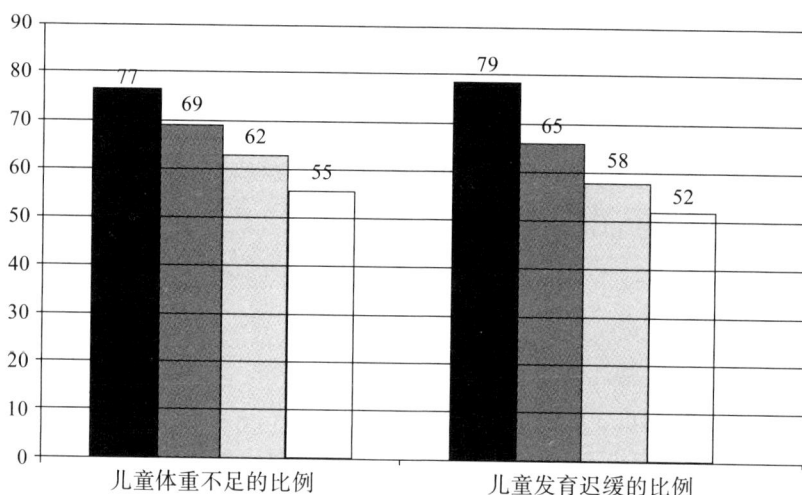

图5.3　9个邦中1岁以上、5岁以下儿童的营养不良状况

来源：基于 NNMB（1999），第二次调查报告——农村，印度医疗研究顾问委员会，海得拉巴，表 19；以及 NNMB 的情况说明书，2003—2006，www.nnmbindia.org/downloads.html（2011 年 6 月 27 日访问）。

但让我们先分析印度与撒哈拉沙漠以南非洲（SSA）的关系。根据人口统计，如预期寿命、婴儿死亡率和产妇死亡率，印度要好于绝大多数人均收入相似或较低的 SSA 国家（除了一到两个国家以外）。所以根据世界卫生组织的统计，这个国家体重不足儿童的比例超过所有 48 个 SSA 国家，发育迟缓的比例也超过其中的 41 个国家，确实令人费解。像中非共和国、乍得、莱索托这样的国家，人均预期寿命只有 48 岁，但其体重不足率和发育迟缓率居然也低于印度！

　　为了进一步突出印度营养不良数据的明显荒谬之处，我们再比较喀拉拉邦和塞内加尔共和国。喀拉拉邦的人口统计指标已经慢慢接近发达国家：预期寿命为 74 岁，婴儿死亡率为 12/1000，5 岁以下儿童死亡率为 16/1000，产妇死亡率为 95/100000。而塞内加尔的相应数字为 62、51、93 和 410。但根据营养统计指标，喀拉拉邦的儿童发育迟缓比例为 25%，而塞内加尔为 20%，体重不足比例则为 23% 对 14.5%。怎么可能塞内加尔的婴儿和儿童有更好的营养，死亡率却分别是喀拉拉邦的 4.25 和 5.8 倍呢？类似的，为何塞内加尔的母亲产下了更健康的婴儿，但产妇死亡率却是喀拉拉邦的 4.3 倍？

　　为了搞清楚这个问题，我们必须再作分析。尤其是要弄清楚发育迟缓率是如何计算出来的（确定体重不足儿童的程序是完全相同的）。为了确定在某个特定年龄和性别的儿童为发育迟缓，我们就要把他 / 她的身高与世界卫生组织预先设定的标准进行比较。在 21 世纪初，世界卫生组织收集了 8440 个儿童组成的样本，包括了巴西、加纳、印度、挪威、阿曼和美国健康的人乳哺育婴儿和儿童。这些"参考"人口为所设标准提供了基础。

　　可以预想，就是我们比较健康样本中特定年龄和性别的儿童时，由于遗传的差异，也会出现身高和体重的差异。因此，需要制定标准在这些儿童中确定发育迟缓。世界卫生组织在每个群体中根据年龄和性别，规定体重最轻的 2.14% 人口为发育迟缓。然后再以 2.14% 的体重作为标准，跟其他人口中相同年龄和性别的儿童作比较，以确定发育迟缓率。确定体重不足儿童的标准的程序是完全相同的。

　　这个方法背后的假设是，如果有恰当的营养，所有儿童都可以长得跟联合国参考人口标准一样，只有 2.14% 的儿童为发育迟缓和体重不足。较高的发育迟缓率意味着营养不良的情况也超过正常水平。因此关键的问题就是，这样的假设是否真的适用于儿童人口中，可以估计出印度儿童有接近一半为营养不良？

　　答案可以从印度政府最近出版的一份研究报告（2009）中找到。前面提到的第三次全国家庭健康调查（NFHS-3）提供了关于印度儿童发育迟缓的最新估计。报告从完整的 NFHS-3 样本中进行非常严格的选择，包括了精英儿童，"其父母接受了中等或高等教育，生活在有电力的住房中，有冰箱、电视，汽车或卡车，在调查前两周之内没有得过腹泻或咳嗽或发烧，小于 5 个月的话只接受母乳喂养，如果在 5 个月以上则吃补充食品。"（印度政府 2009，p. 10）

要是足够的营养可以保证在所有人口中都得到与世界卫生组织的参考人口一样的结果，那么发育迟缓儿童的比例就应该是 2.14%。但实际上研究报告显示这个比例高于 15%。假设完全失灵了。

这些事实意味着，平均来说印度儿童的个子在遗传上就比较小。另一个假设是说，身体条件的进步可能要花好几代时间，但这无法解释在没有遗传优势的情况下，更穷的撒哈拉沙漠以南非洲国家几乎在所有人口统计指标上都落后于印度，但却在儿童营养指标上超过印度一大截。此外，如图 5.3 所示，出生于 20 世纪 50 年代或更早的印度人几乎全部都发育迟缓。这当然是极为荒谬的。

资深的激进主义经济学家 Jean Drèze 在他的不同作品中对儿童营养不良问题呈现自相矛盾的态度。在一篇发表于《经济与政治周刊》（*Economic and Political Weekly*）的文章中（Deaton 和 Drèze，2009），Drèze 详细地讨论了他们的发现，甚至连精英的印度儿童也没办法达到世界卫生组织 2006 年所制订的高营养水平。但在同一期的《展望》（*Outlook*）杂志上，他却根本没有提及这些发现（Drèze 和 Sen，2011）。在后面这篇文章中，作者首先描述了改革后印度的两个完全相反的形象，从不断加速的增长率来看，印度是光明的，而从在教育和健康方面的糟糕表现来看，印度是黑暗的。在表达黑暗的印度时，作者用营养不良指标表明印度落后于几乎所有撒哈拉沙漠以南非洲国家，但却没有引用 Deaton 和 Drèze（2009）所讨论的条件问题。

成人营养 批评者所讲述的成年人营养不良（与儿童营养不良不同）的故事也很值得怀疑。一个警告是，过去 20 年，印度农村人均卡路里的消费量呈稳定下降，在印度城市这种趋势则并不清晰。Deaton 和 Drèze（2008）对这个问题作了全面的研究，指出人均卡路里消费量和缺少食物的人口比例的报告之间存在冲突。一方面，人均卡路里消费从 1983 年的 2240 降到了 21 世纪前 5 年的 2000—2100。另一方面，缺少食物的人口比例却从 1983 年的 17.3% 降到了 2004—2005 年度的 2.5%。此外，人均蛋白质消费量不断下降，但人均脂肪摄入却在农村和城市都呈上升趋势。

关于为什么人均卡路里消费量不断减少，同时缺少食物的人口比例也不断降低，有几个可能的解释。一个是农业机械化的增加、运输工具的进步，以及流行病环境的改善（儿童和成人变得更健康了，而且有了更好的安全用水）提高了吸收营养的能力，减少了对卡路里消费的需求。另一个解释是，消费的食物从含卡路里较高的粗粮（如小米和高粱），转到了较精细的食物（如大米和水果）。

成年人的体重和身高是对营养水平更直接的检测，它也显示出稳定虽然是缓慢的进步。根据我们前面提到的NNMB调查，低于正常的体质指数（BMI）18.5 的人口比例在 1975—1979 年到 2004—2005 年度前，男性从 56% 降到了 33%，女性从 52% 降到了 36%。（Deaton 和 Drèze 2009，表 10）从国际标准看，在 2004—2005 年度低于正常体质指数的人口比例绝对量仍然很高，但这是水平而非变化问题，而后者才是关心贫穷增加的中心问题。

我们反驳批评者并不是说印度的儿童和成人营养已经非常完美了。尽管已经有了进步，但印度在健康的所有方面都远远落后于发达国家，还有很长的路要走。

但这要求我们正确的评估出到底哪里才是最大的缺口，然后谨慎地运用为数有限的财政收入。夸大问题这件事本身就是问题：如果健康的儿童被当成是营养不良，他们可能会最后得上肥胖症。同样的，如果我们错误地将食物摄入失衡诊断成低卡路里消费，就会增加无意义的卡路里消费。

神话5.3 喀拉拉邦模式达到了非常优秀的教育和健康水准

感谢联合国开发计划署将喀拉拉邦的政策经验当作发展样板来推广，"喀拉拉邦模式"已经在印度和其他国家的一些发展圈中获得了偶像地位。

按他们的看法，喀拉拉邦模式通过再分配和有效的公共支出，成功地在教育和健康方面都取得了超凡成就，尽管其收入很低，而且增长缓慢。但严格的事实检验会戳穿这种看法的虚妄。

确实，在印度的主要邦中，喀拉拉邦的教育和健康指标是最好的。该邦的男性和女性识字率以及预期寿命都高过印度其他大邦，婴儿死亡率、产妇死亡率和营养不良程度则低于其他邦。喀拉拉邦确实拥有卓越的教育和健康水准。

但没有清晰的证据来表明是喀拉拉邦模式产生了这样的结果。Richard Franke 和 Barbara Chasin（1999）提供了一个定义，但在土地再分配之外，它没有将喀拉拉邦的经验定为一套其他邦也能够学习的规则。①如我们已经指出的，印度的政策设计师非常了解土地再分配是减少贫穷的一种有效工具，并试图推广到全印度，但由于政治上的反对而没有成功。②

阿玛蒂亚·森也谈论到了"喀拉拉邦模式"，但 George Mathew（2001）则作了反驳："阿玛蒂亚·森博士近来访问喀拉拉邦之后，拒绝承认存在一个喀拉拉邦模式，而且也否认曾经用过这个词。最多可以称之为喀拉拉邦发展经验。"③

关于喀拉拉邦的发展路径与效果，可以得出四个观察结论。

第一，如果就像人们所普遍相信的，再分配是达到其成就的关键，那么我们就应该能在这个邦找到相对低且不断向下倾斜的不平等水平。但根据2004—2005 年度国家样本调查组织的支出调查，喀拉拉邦的不平等程度是印度 15 个大邦中最高的。喀拉拉邦在再分配土地方面可能确实取得了更大的成就，但这并没有让它变得比其他地方更平等。同样的，其不平等程度也没有出现不断下降的趋势。在 1983 年到 1993—1994 年度间，喀拉拉邦的农村和

---

① 有兴趣的读者可以参看维基百科的"喀拉拉邦模式"词条（2011 年 9 月 23 日访问）。

② 在印度的不同地方，再分配的性质依赖于当地的土地占有制。不同的土地占有制则是因为英国在不同的英属印度省实践了不同的理念，历史学家 Eric Stokes 对此作了精彩的整理。

③ 早期很有影响的关于喀拉拉邦的研究，是由联合国经济与社会事务部在锡鲁万纳塔普拉姆市的发展研究中心所做的。

城市不平等程度确实下降了，但 2004—2005 年度却又回升到高于 1983 年的水平。不平等趋势并没有解释 1983 年到 2004—2005 年度间贫穷的显著减少。

第二，在识字率方面，喀拉拉邦早在独立之初便要远远胜过其他地方。图 5.4 中可以看出喀拉拉邦、马哈拉施特拉邦、古吉拉特邦以及全印度的识字率变化情况。在 1951 年，马哈拉施特拉邦的识字率便低于喀拉拉邦 20 个百分点，到了 2011 年，差距缩小到了 11 个百分点。古吉拉特邦一开始的差距是 25 个百分点，现在缩小为 15 个百分点。从整个印度的水平上，也可以见到差距在不断缩小。

喀拉拉邦的历史优势也体现在健康指标上。我们手上并没有 1951 年以来的完整数据，但是有从 20 世纪 70 年代初开始的预期寿命和婴儿死亡率。

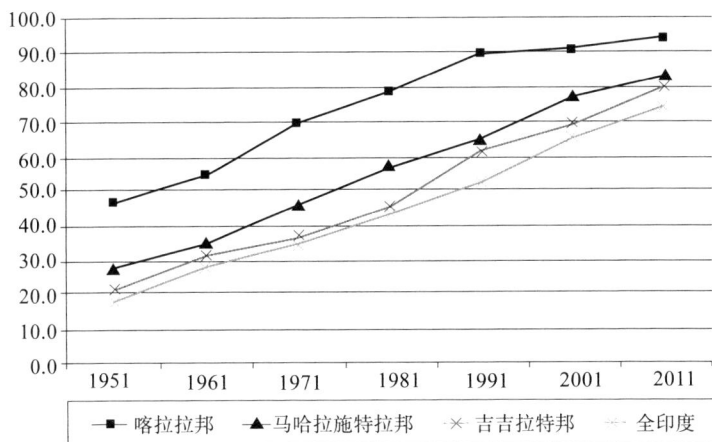

图5.4　喀拉拉邦、古吉拉特邦、马哈拉施特拉邦以及全印度的识字率，1951—2011

来源：基于多轮的印度人口调查

在图 5.5 中，我们以 5 年为间隔，展示了三个较好的邦（喀拉拉邦，马哈拉施特拉邦，泰米尔纳德邦）从 1970—1975 年到 2001—2005 年的预期寿命情况。马哈拉施特拉邦在一开始要比喀拉拉邦低 8 年，泰米尔纳德邦则是 12 年。但到了 2001—2005 年，差距缩小到了大约 7 年。在婴儿死亡率方面也有类似的故事。1971 年时，马哈拉施特拉邦和泰米尔纳德邦的每 1000 名婴儿死亡率要比喀拉拉邦高出 45 以上，在 2009 年，差距缩小到了不到 20。

第三，喀拉拉邦模式的鼓吹者认为该邦在贫穷、教育和健康方面取得成就的方式与其他邦截然不同，因为它的人均收入较低且增长速度较慢。显然，低人均收入和高基尼系数，以及相对于其他邦而言的低贫穷率，这三者不可能同时为真。问题出在人均收入上。

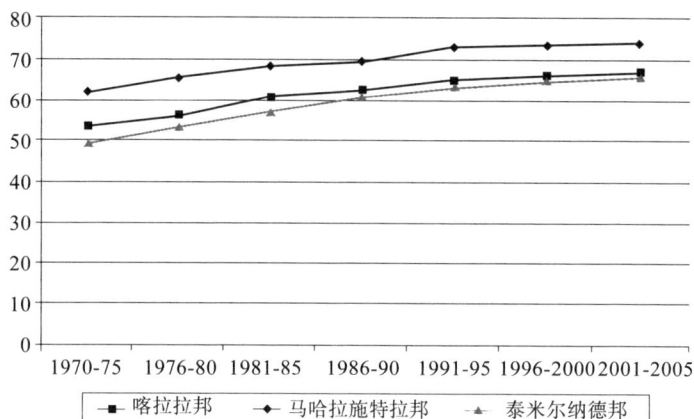

图5.5　喀拉拉邦、马哈拉施特拉邦和泰米尔纳德邦的出生预期寿命，1970—2006年

来源：基于抽样登记公报的估计，印度人口调查

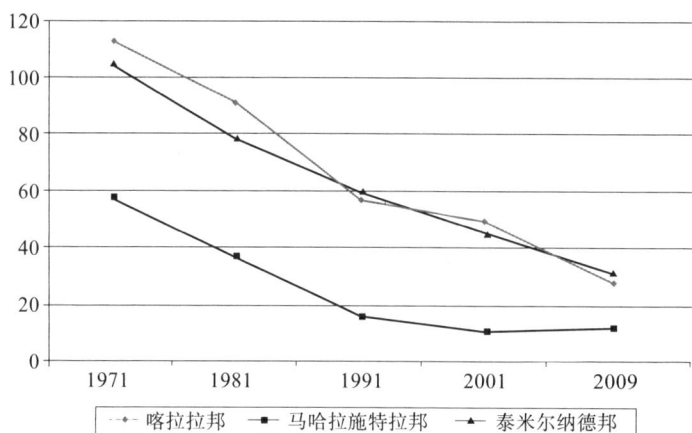

图5.6　喀拉拉邦、马哈拉施特拉邦和泰米尔纳德邦，

每1000名出生婴儿的死亡率，1971—2009年

来源：见图5.5

正如 Chakraborty 等人（2011）所指出的，当将邦内生产总值（GSDP）以共同的 2004—2005 年度基础和适当人口数列来获得人均邦内生产总值时，喀拉拉邦自 1980—1981 年度（从这一年开始，GSDP 数据开始有了连续和一致的基础）起便是 15 个最大邦中的前 5 名。[①]当我们用人均开支来分析时，情况变得更为戏剧化。根据最近于 2009—2010 年度开展的大规模支出调查，喀拉拉邦的城市和农村都是所有大邦中最高的。喀拉拉邦能在扶贫、健康和教育方面取得突出的成就，是与其高而非低的人均收入和支出联系在一起的。

第四，喀拉拉模式的支持者认为该邦能在健康和教育方面达到优秀，是因为邦政府作了更多的干预工作，这一点同样不可信。至少我们没有从可获得的数据中找到任何不正常之处。我们能获得各主要邦从 1991—1992 年度到 2010—2011 年度这 20 年间的公共健康支出数据，其中人均公共健康支出最高的是果阿邦。事实上，果阿邦的人均公共健康支出一直是喀拉拉邦的三倍。除了果阿邦以外，喀拉拉邦在 20 年中有 11 年的支出高于离得最近的竞争邦。这或许给了喀拉拉邦模式某种信用，虽然其支出并不总是那么大：在最近 3 或 4 年，支出几乎没有超过邦内生产总值的 1%。

真正令人惊讶的是喀拉拉邦的私人健康支出。在我们能获得的两年数据中，喀拉拉邦的人均基数和占邦内生产总值的比例都超过其他所有邦（包括果阿）。举例来说，喀拉拉邦在 2004—2005 年度的人均私人支出是每年 2663 卢比，而最接近的是旁遮普邦，仅为 1112 卢比。作为比较，同年两个邦的人均公共支出分别为 280 卢比和 234 卢比。喀拉拉邦的良好健康状况主要得归因于私人支出（这可能有部分是因为从中东汇回的大笔款项，而这又让我们质疑喀拉拉邦模式支持者们的反全球化态度）。

在教育领域也可以发现私人支出的主导地位。非政府组织布拉罕（Pratham）近年来对印度农村地区 16 岁以下的在校儿童作了广泛的调查。

---

① 出于一致性考虑，北方邦、中央邦和比哈尔邦的这些数据分别包括了北阿坎德邦、恰蒂斯加尔邦和贾坎德邦，后三邦是在 2000 年独立出去的。

根据他们的最新报告（ASER，2010），除了两或三个很小的东北部邦外，喀拉拉邦农村地区7—16岁学生就读于私立学校的比例是最高的，达到了53%，而最接近的哈里亚纳邦，要少13个百分点。传统上主流所塑造的喀拉拉邦是一个在建国后由邦政府领导走向成功的故事，但这根本禁不起严谨的实证调查。

当面对我们提到的第二个观察结论，喀拉拉邦在独立后的社会指标进步并不突出时，喀拉拉邦模式的支持者会反驳说，这样的比较带有误导性，因为越到后面，每一个百分点的进步便越困难。比如说，识字率从50%提高到60%，要比从20%提高到30%困难得多。

但至少有三个理由可以说明，这样的辩护没有说服力：

· 没有足够的理由表明，随着指标的上升进步会越来越难。当然，识字率的进步不可能超过100%，但这并不意味着进步的速度会降低。事实上，我们可以想到很多识字率上升速度会不断加快的理由：当周围邻居儿童的识字率上升时，家庭会面对越来越大的要求子女识字的社会压力。随着识字率的上升，要求政府采取行动帮助落后者的压力也会增大。此外，识字率较低时，老师也不容易找到，因为许多行业都想要招募受教育人士。

· 如果喀拉拉邦模式确实更为有效，那么它就应该能够克服更高的壁垒，产生更好的结果。实际上，用起点更高来为该邦的较差表现辩护，已经表明这个模式并没有太多不凡之处。

· 最后，有一个客观办法来检测较高的起点是否是一个障碍，还是说喀拉拉模式被高估了。我们可以找到喀拉拉邦与其他邦起点相同的时刻，然后评估谁做得比较好。在图5.7中，我们列出了喀拉拉邦、古吉拉特邦、马哈拉施特拉邦与整个印度分别在1951年、1981年、1971年和1981年时的识字率。在这几个年份，四个邦的识字率相差不大。①然后我们再来看 30 年后的识字率情况，古吉拉特邦和全印度则选取最近的年份，因为其起点为 1981 年。

古吉拉特邦毫不含糊地击败了喀拉拉邦：在基础年份（0 年）时，它的识字率要低于喀拉拉邦 2%，到了 30 年后，则略高于喀拉拉邦。马哈拉施特拉邦和全印度的表现则略差于喀拉拉邦。马哈拉施特拉邦在 0 年时低于喀拉拉邦 1.4 个百分点，30 年后则低了 2 个百分点。全印度的表现也差不多。

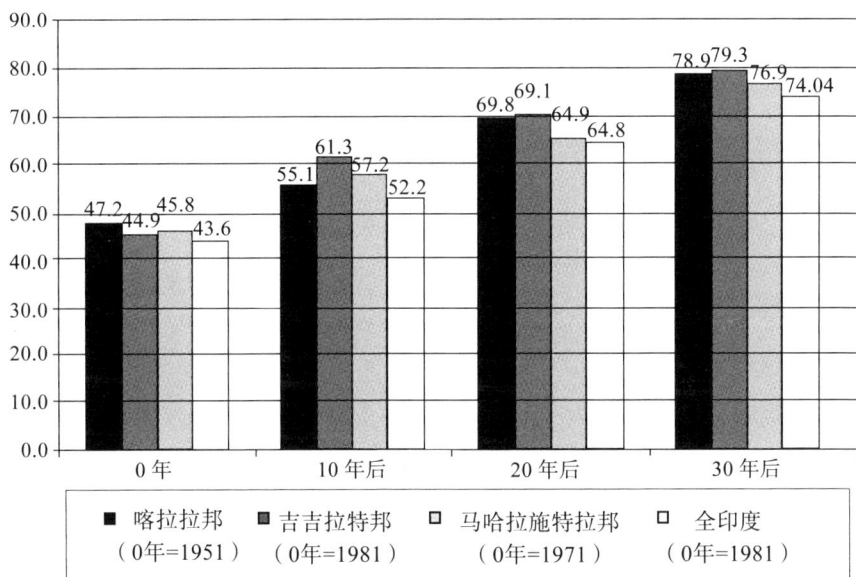

图5.7　在水平相同的情况下，比较喀拉拉邦、古吉拉特邦、马哈拉施特拉邦和全印度的识字率进步情况

来源：见图 5.4

① 不幸的是，这里仍然有一小部分不可比较之处，因为 1951、1961 和 1971 年的识字率是根据 5 岁以上人口计算的，而后面的年份是根据 7 岁以上人口统计。这意味着喀拉拉邦和马哈拉施特拉邦是根据 5 岁以上人口计算的，而古吉拉特邦和全印度是以 7 岁以上人口为基础。5—7 岁范围的识字率应该会低于 7 岁以上的识字率，如果根据 7 岁以上人口为基础，喀拉拉邦（马哈拉施特拉邦）的识字率应该会比图 5.7 更高一些。这反而会让喀拉拉邦 30 年后的成绩再打个折扣。不过，我们认为 5—7 岁的人口只占总人口的很小比例，因此偏差应该是很小的。

到这里为止，我们的讨论集中于印度独立后喀拉拉邦在健康和教育方面的进展。但还有一个非常重要的问题是，如何解释喀拉拉邦在独立时便远远领先于印度的其他地区。传统上，人们把它归功于特拉凡科（Travancore）和科钦（Cochin）①当时统治者的社会正义和社会调查运动，但这并不是全部答案。严谨的分析会给出更为复杂的解释，包括喀拉拉邦地区早期在全球化方面所取得的成功。

虽然我们现在无法找到喀拉拉邦在独立之前卫生保健事业发展的真正原因，但 Robin Jeffrey（1992）自 20 世纪 60 年代以来花了很多年时间生活在印度的各个地方，提供了非常详尽的促进了喀拉拉邦在 19 世纪后半期和 20 世纪上半期识字率提高的社会—经济—政治发展原因。根据他的解释，有四个突出的关键因素。

第一，特拉凡科和科钦的统治者在发展教育方面扮演了重要的角色。特拉凡科王公在 1860 年代起就努力扩大当地的初级教育。他们的目标是用母语马拉雅拉姆语将现代知识传播给最遥远的人们。直到 19 世纪末，公立学校中的学生主要还是印度教的高等种姓和叙利亚基督教徒的子女。但从 20 世纪初开始，特拉凡科和科钦都允许低种姓的学生读书，他们的数量迅速增加。

第二，旧喀拉拉邦的文化，包括一些母系传统的群体中女性的地位较重要，也有助于普及教育。甚至在特拉凡科王公积极涉入教育之前，就已经存在不断扩大的乡村教育网络。拥有土地的高等种姓印度教徒和叙利亚基督教徒对这些学校提供支持。这些家族所拥有的财富使得他们能将子女送到学校，而不是让他们直接工作。纳雅人（Nayars）和其他母系群体也会将女儿送到学校去读书。关于这种教育文化的贡献，一个例子是现在仍用马拉雅拉姆语的马拉巴尔地区，当时由马德拉斯管辖区统治。在没有王侯政府推进教育的情况下，它们的教育普及程度在整个管辖区中从没有低于前三名过，而且女性识字率一直高居第一。

第三，以种姓和宗教为基础的群体也在普及教育方面扮演了一定角色。

---

① 特拉凡科和科钦均为印度的旧邦，1949 年合并，1956 年改称为喀拉拉邦。——译者注

在高等种姓群体中，建于 1914 年的那雅尔服务社（Nair Service Society）通过所谓的那雅尔学校推进教育。由广受尊敬的斯里纳拉扬大师在 1903 年建立的斯里纳拉扬那法传播会在低种姓的艾扎瓦（Ezhavas）中也扮演了同样的角色，虽然由于这个社区较穷而且缺乏资源，取得的成绩相对有限。基督教传教士也帮助普及教育。当新教传教士 Tobias Ringeltaube 于 1806 年到达特拉凡科后，便开始从事教育工作。王公很快便允许他在那里开办一些学校。根据 Jeffrey（1992，p. 97）的看法，在 19 世纪中期，特拉凡科的新教传教士密度远高于印度其他地方。他们不仅在低种姓的那达尔（Nadars）人中提高识字率，而且更深入影响了最大的基督教团体，叙利亚天主教。他们从 1880 年代初开始建立正式的教育学校。

第四个也是最后一个因素，在讨论独立之前的喀拉拉普及教育方面很少被关注到，那就是经济因素。上面所以这些普及识字率的工具能够成功的必要条件是，必须拥有一定的资源。要建学校就得有必要的收入，父母将孩子送到学校，也必须能在孩子不参与劳动的情况下维持收支平衡。要维持这个过程，所接受的教育水平也必须能够提供相称的工作机会。

全球化在其中扮演了关键角色。在喀拉拉邦经常能发掘出罗马钱币，这证明了在 2000 年前，当地通过胡椒和豆蔻出口与国外有贸易联系。Jeffrey（1992）认为这种贸易联系可以合理解释犹太人、穆斯林和基督徒早年的存在——他们来做生意，最后选择了定居："在英国或美国之前很久，喀拉拉已经是'世界经济体系'的一部分。"（p. 72）

从 1830 年代开始，喀拉拉邦出现了经济作物的繁荣。欧洲人兴建种植园，培育欧洲人和美国人感兴趣的作物。首先是咖啡；当 1880 年代叶部病害摧毁了咖啡业以后，接着又种植茶叶；到了 20 世纪 20 年代，则是种植腰果树。椰子由于其广泛的用途，被到处种植，成了最重要的作物。Jeffrey（1992）引用了 20 世纪 30 年代中期马拉巴尔征收员给上级的报告："所有最穷的马拉巴尔农民都种了各种果树。"（p. 73）由于椰子并不是一种主食，它必须转换成钱，再把钱转成食物。这有力地促成了贸易增长，以及喀拉拉地区转向现金经济。Jeffrey（1992）写道，"以这种方式，现金导向的农业不断扩张。

在 1810 年以前，喀拉拉就已经是世界市场的一部分，但极少有马拉雅兰人（Malayalis）会直接与之接触；但到了 20 世纪 20 年代，已经极少有马拉雅兰人可以避免这一点。"（p. 73）

商业房屋和地产的增长为受教育者创造了工作机会，令得教育具有更大的吸引力。经济作物也提供了收入来源，为邦和大地主资助学校教育。经济作物带来的繁荣也帮助了公民组织获得资金开办学校——这是在喀拉拉早期的教育普及与市场及全球化之间的一个重要联系。

因此，喀拉拉邦在独立前能取得优异表现的历史原因与独立后的喀拉拉邦模式并无关系。

神话5.4　古吉拉特邦虽然增长很快，但在健康和教育方面表现很差

这个神话其实是前一个神话的镜像：古吉拉特邦的快速增长并没有转变成社会指标的迅速提高。问题同样是由于其基础水平，而不是高速增长阶段所取得的成就。古吉拉特邦的社会指标基础较差，但其进步速度在任何意义上都不能算低。[1]

我们在讨论喀拉拉模式时，已经讨论了古吉拉特邦在提高识字率方面的优异表现。如图 5.7 所示，从相近的识字率水平开始，古吉拉特邦在 30 年中的表现超过了喀拉拉邦、马哈拉施特拉邦，以及全印度。我们要特别指出，跟上述实体相比，古吉拉特邦在 1951—2011 年间的识字率进步水平是最高的。

古吉拉特邦在识字率方面的比较也可以用到核心的健康指标上。图 5.8 和 5.9 表明了预期寿命的变化，和每 1000 出生婴儿的死亡率下降情况。我们比较预期寿命的年份是从 1970—1975 年到 2002—2006 年。古吉拉特邦的预

---

① 进步发展群体不愿意承认古吉拉特邦在这些社会（有时也是经济）维度上的成功，部分是因为他们总是忘不了该邦在 2002 年由于火车上的 58 条无辜生命被穆斯林恐怖分子炸弹袭击后，对穆斯林展开的血腥报复。这就像是看待国大党的时候总是忘不了 1984 年针对锡克教人的大屠杀，以及后来英迪拉·甘地不幸地被她的锡克教保镖所暗杀的事。所有这些公共暴力都是印度世俗主义史上的污点，但这并不是只有古吉拉特邦才有的经验，圣雄甘地把他的生命献给了保护穆斯林和世俗主义。不过，我们在此所关注的是古吉拉特邦在社会维度上的成功。

期寿命提高了 15.3 年，超过了喀拉拉邦、马哈拉施特拉邦，以及全印度。婴儿死亡率的比较时间为 1971—2009 年。在这个时期中，古吉拉特邦的每 1000 出生婴儿的死亡数下降了 96，而马哈拉施特拉邦为 74，喀拉拉邦则为 46。

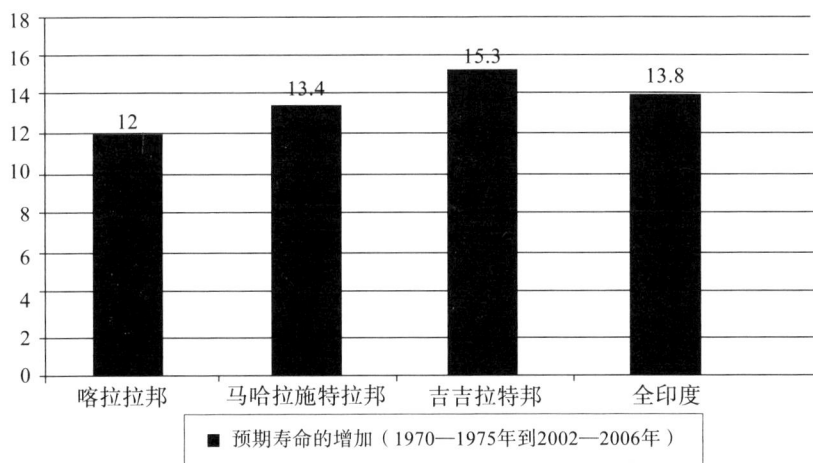

图5.8　1970—1975年到2002—2006年间预期寿命的增加

来源：见图 5.5

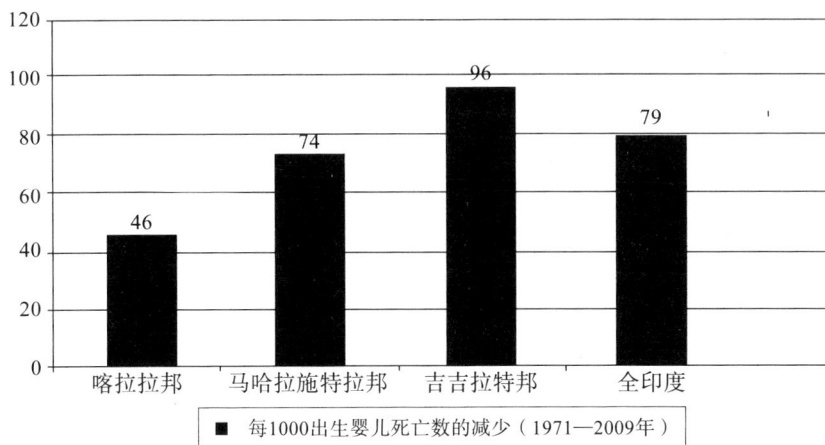

图5.9　1971—2009年间每1000出生婴儿死亡数的减少

来源：见图 5.5

第六章　其他神话

　　我们已经讨论了增长、贫穷、不平等、教育和
健康等批评者试图用来反对改革的核心主题。在这
些方面，他们都失败了。所以他们又转向了其他的
一些神话。这其中最主要是下面四个。

神话6.1　改革使得印度农民的自杀率不断提高

　　激进分子反对一般意义上的自由化以及转基因种
子，尤其是这会导致农民的自杀率提高。这种看法
最极端的表达是在2003年墨西哥坎昆WTO高峰会
议上，韩国农民活动分子李京海拿着一幅旗子，上
写"WTO杀死农民"，爬上路障，用刀刺死了自己。
印度近来的农民自杀也成了一个被激烈控诉的话题。
这个国家现在面临着反对改革以及使用新型转基因
种子和苏云金牙孢杆菌（BT）种子的呼声。

如《印度徒报》的 Sainath（2009）这样颇具影响力的记者，以及像 Vandana Shiva（2004）那样的活动分子，正在领导一场反对使用新种子的运动，因为这会导致"农业的自杀"。[①]但是他们提供的证据并不能证明这一点。自杀是一个由多种原因形成的复杂现象，在农民自杀这个问题上，就连最基本的事实也很难分析清楚。

从一开始，关于自杀，尤其是农民自杀的数据，就是完全不可靠的。对后者来说，所使用的最普遍的数据序列也往往过低。多数学者所依赖的来源是由印度内政部的国家犯罪记录局（NCRB）所出版的年刊《印度的意外死亡和自杀》。根据 Nagaraj（2008）所述，数据是由各邦、中央直辖区（union territory）和大城市的警察首长提供给 NCRB，然后再由 NCRB 加以编辑和出版。虽然 NCRB 刊登的基础数据是从 1967 年开始，但能够分离出农民自杀的详细数据是 1995 年起才有的。而且 1995 和 1996 年的数据并不完整，因此连续的序列要从 1997 年算起。

图 6.1 描绘了由 Nagaraj（2008）所提供的数据。第一，我们发现数据是从 1997 年开始的，严格地讲，我们无法将自杀与改革在时间上进行联结。要这么做，我们至少得有改革之前 20 世纪 70 年代和 20 世纪末 80 年代的数据。印度改革的批评者忽略了这个简单的事实，然后就宣称是改革导致了自杀率的上升，仿佛农民自杀是一个当代的新现象（在 NCRB 于 1995 年给出清晰的数据之前是不存在的）。[②]

第二，我们可以试图将所拥有的数据进行联结。假定重大的新改革发生于 20 世纪 90 年代末和 21 世纪初，经济增长又在 2003—2004 年度开始加速，我们可以比较 2003 年之前和之后的自杀率，将它们联系起来。总的自杀率在

[①] 巴格瓦蒂已经出现在两个美国著名的电视秀中，并参与了一部纪录片，曾部分播于 PBS 的 *NewsHour*，还有一次则是与 Christiane Amanpour 上 CNN 节目，其中 Sainath 的观点就被引用，而且 Vandana Shiva 还客串了节目，提出了农民的自杀问题及其原因（如使用了新的 BT 种子），巴格瓦蒂则提出了挑战。有趣的是，PBS 制作精巧的纪录片集中于一个自杀案例，并把它归因于新 BT 种子的使用；而后来，当影片放到巴格瓦蒂在纽约的亚洲社区进行专题讨论时，制作人直率地承认：他们发现自杀与农民使用新种子没什么联系。

[②] 巴格瓦蒂在前面所提到的 Christiane Amanpour 电视秀中提到了这个问题，当作者在差不多 50 年前作为学生阅读印度农业的文章时，就发现了负债农民自杀的问题，农民自杀并不是一个新现象。

最近 3 年有温和的上升，但农民的自杀率则是 2004 年上升，2005 和 2006 年下降，掉到了低于 2002 年的水平。

第三，也是最有趣的，我们可以将农民的自杀水平和总人口的自杀水平进行比较。峰值时期为 2002 年，前者只相当于后者的 16.3%。印度的总劳动力中至少有一半从事农业。这说明每 10 万人口的农民自杀率远低于总人口自杀率。看到这个事实，我们更应该关心的不是农民自杀率，而是为什么总自杀率这么高，以及我们如何把它降到农民自杀率的水平上。当然另一方面，农民和非农民自杀率之间的差异如此之大，我们或许也要质疑数据的真实性。[①]

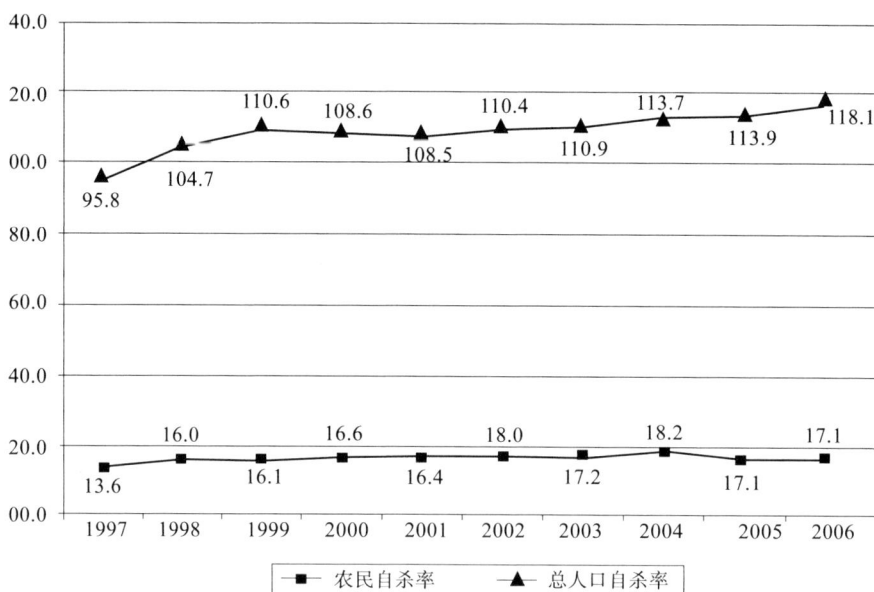

图6.1 总人口和农民的自杀率

来源：数据来自 Nagaraj（2008）

[①] 我们要指出，Nagaraj 计算了每 10 万农民的自杀率，并发现这个数字高于一般人口中每 10 万人的比例。但这是拿苹果在比橘子。要进行一致比较，每 10 万农民的自杀率应该跟人口中每 10 万工人的自杀率相比较，而不是所有人口。

虽然没有证据表明改革和总体自杀率以及特别是农民自杀率之间存在明确的联系，但却又留下了一个更为狭窄同时也更具爆炸性的话题，那就是 2002 年印度引入 BT（苏云金牙孢杆菌）棉花种子是否增加了农民的自杀率。

与批评者的看法相左，图 6.1 表明农民自杀率在 2002 年以后并没有增加的趋势。不过根据 Gruere，Mehta-Bhatt 和 Sengupta（2008，图 11），采用 BT 棉花种子的种植面积在 2002 年为零，到 2006 年已经超过了 350 万公顷。这些作者也研究个别的邦，如马哈拉施特拉邦和安得拉邦，没有找到农民自杀率提高与种植 BT 棉花的面积扩大之间的相关性。

古吉拉特邦提供了在这个问题上最有说服力的证据。它是第一个采用 BT 棉花的邦，种植面积则是第三大，仅次于马哈拉施特拉邦和安得拉邦。在 2006 年，该邦 25% 的棉花采用了 BT 棉花种子。同时，2003—2006 年的农民自杀数量也达到了最低值，大约每年 500 人，略低于前 5 年的数量。[①]

自杀的原因是多样的，农民的自杀也是如此。因此不太可能找到一个单一的主要因素，如 BT 种子。Deshpande（2002）对卡纳塔克邦 99 个农民自杀案例所做的深入研究也提醒我们要对此作谨慎处理。Deshpande 广泛访问了受害者的朋友和亲戚，并列出了一份很长的关于可能原因的清单，包括负债的数量和时间、谷物歉收、嫁妆负担，以及酒瘾问题。他在任何一个个案中，都没有找到导致自杀的单一解释理由。平均来说，每个个案中会有三到四个理由。与务农相关的理由出现比例大约为 25%。更令人惊讶的是，他指出："媒体和公众政治人物常常列为重要因素的债务负担和农产品价格暴跌，作为自杀的一个重要原因的概率是 6%。"（p. 2608）

不过，我们确实能观察到，在一些使用了 BT 种子的地区农民自杀率提高了，原因可能是那些高负债的农民被种子公司雇用的销售员的虚假承诺所骗，以为这种投资可以产生高回报，从而减轻债务，于是用高息贷款来购买

---

① 这并不是要否认说，现存问题不会伴随着新技术而出现。确实有一些假种子出售，也有一些农民不懂得如何使用杀虫剂。

种子。这是一种赌博式投资。要是由于当地环境不适宜这类新种子，或简单的就是产量不佳，可能会增加自杀率。

值得指出的是，早年的绿色革命不是通过私人投资和培育种子实现的，而是由政府资助和组织将斯瓦米纳坦（M. S. Swaminathan）博士的伟大工作进行推广。这也意味着，新种子试验失败的风险是由拥有较多资源的大农场，而不是普通农民来承担。

当前，在这些出现了农民自杀的部分地区，被无耻的销售员所欺骗的普通农民当然是受害者（这有点像美国人将高风险的住房抵押贷款推销给能力不足的购房者，从而制造住房泡沫，在经济崩溃之后迫使这些受害者低价抛售）。解决之道是要对这些销售员和推广办法进行监管，比如设立一个 BT 种子的推广服务中心，其成本则由出售 BT 种子的公司来分担。

神话6.2　1991年之后的改革造成了更多腐败

前面已经指出，所谓改革导致印度进入了镀金时代的指控是不成立的，不过还有另一种相对独立的批评认为，腐败正是改革的结果。其他进行改革的国家中也都出现过这种指控。

左翼批评家的共同看法是，1991 年之后的"新自由"改革使得腐败呈指数式增长。比如说，在印度共产党的中央机关报《新纪元周报》上刊登的一篇文章《经济改革：腐败的源泉》中，R. S. Yadav 写道：

> 在 20 世纪 80 年代的自由化改革初期，博福斯（Bofors）丑闻是独立后第一次印度总理和总理办公室被卷入了丑闻中心。而从 1991 年完全采纳了新自由改革之后，这个国家出现了一波诈骗和丑闻的浪潮，丑闻的量级越来越大，行动也越来越大胆，所涉及的都为政府、行政部门和企业界的掌舵者。[1]

---

[1] 见 www.newageweekly.com/2011/09/economic-reforms-fountain-head-of.html（2011 年 10 月 5 日访问）。

这些批评者的年轻人或许对历史极为无知，而老年人则可能得了健忘症。[①]在 20 世纪 50 年代，印度的政坛确实拥有极少腐败的美德。[②]腐败并不是伴着 20 世纪 80 年代的自由改革出现的，而是在 20 世纪 70 年代英迪拉·甘地总理实施的许可证制度达到顶峰时才突然爆发。当政府控制了各种大商品的制造、分配和定价时，贿赂成了唯一能够加速这个进程的办法。举例来说，如果你想要一台电话、一辆汽车或踏板车，你只能在漫长的排队等待和贿赂之间进行选择。如果你幸运地得到了电话，想要能够通话也必须贿赂。如果你想要买一张机票或得到一个火车座位，可以选择排长队或者使用小费的办法（比如说，用某种礼物作为隐性贿赂）。想要弄到一袋水泥也得这么做。要是你不得不去国外旅行，需要长时间的排队出境，回来还有不友善的海关官员等着你。作为一名企业家，你如果想要投资或获得进口许可证，又或者阻止你的竞争对手得到许可证，就得贿赂相关部门的高级官员。

是首先修修补补然后于 1991 年系统化开展的改革，解放了普通老百姓和企业家，让他们不必时时乞求于政府官员。年轻人可能甚至都不知道许可证制度是什么，或许认识不深，但我们曾经生活于那个时代的人知道改革恰恰扫除了许多腐败。

因此批评者的问题变成了：为什么最近发生了这么多腐败大案？改革的成功在某些领域打开了赚钱的新机会。但由于改革还没有延伸到这些新领域，于是旧的腐败方式就复燃了。

改革（包括打开了通往世界市场的大门）与所导致的增长推高了稀缺资源（如矿产与土地）的价格。而价格的提高又令得政府官员（包括商人）能够用改革前所拥有的任意分配权来采矿和获得及转售土地，赚得大量非法之财。

2G 频谱欺诈案最为明显地表现出，过往改革的成功（开放了新的盈利机会）与改革向前推进（以覆盖这些新机会）的迟缓是如何结合起来制造

---

① 下面的讨论可见于 Panagariya（2011e）。
② 回忆我们在第一部分的讨论。

了一个巨大丑闻的。^①电话在印度出现于 1880 年代，在 110 年后，到了 1990—1991 年度才达到 500 万用户。但电信改革实现了巨大成功，在 2007—2008 年度已经有了 3 亿用户，扩张率达到了每月 625 万户。这个成功使得手机频谱成为价值数百亿美元的资源。于是电信部长拉贾（A. Raja）在分配频谱给他的富人朋友时收取了小小的"费用"，为他们这帮人赚到了不菲的财富。如果改革已经延伸到政府采购与销售领域，拉贾就没办法将频谱以预先设定的低价卖给他的朋友，再转而获取贿赂。

因此，政府最有效的消灭腐败的手段便是将改革深化和扩展到新的领域中去。这些措施包括改革过时的 1894 年《土地征用法》、可以提高信用的地契发行^②、加强政府采购的透明度，以及对采矿权和电信频谱实施竞争性拍卖等。

神话6.3　集中于增长和相关的政策，如通过开放促进对内直接投资等，挤掉了人们对印度真正重要的贫穷问题的关注

增长战略的目的便是帮助穷人和弱势群体摆脱贫困。如我们所展现的，增长战略是有效的，在瓦解反生产的政策框架，并最终实现增长之后，也确实帮助了穷人和弱势群体。因此很难相信严肃的分析家会认为我们"挤掉了"关于贫穷的讨论。

不过，Jean Drèze 和 Amartya Sen（1995）却这样说：

> 关于向跨国公司减免税收的细节，或者印度人是否应当喝可口可乐，又或者是否应当允许私人经营城市公交等问题，"挤掉了"本可用

---

① "2G 频谱"指的是通过第二代无线电话技术来传输信号的电磁频率。这个欺诈案包括了将 2G 频谱以很低的价格分配给某些公司，而许多政客和官僚则从其中得到贿赂。

② 这个改革主要跟秘鲁知识分子德·索托有关。由 Elaben Bhatt 所提出并通过自雇妇女协会所推动的微观信用计划要比穆罕默德·尤努斯的工作还早两年，而印度储备银行的优先部门贷款计划的启动时间则更早，它们提供给穷人不需要抵押的贷款。德·索托认为穷人事实上是有资产的，只不过由于缺乏清晰的产权，所以无法转换为有效的抵押品。

来讨论印度糟糕的基础教育和基本卫生保健，或者持续恶化的社会不平等，或者其他与社会福祉和人口自由相关问题的时间。（p. vii）

为了评论这本书，巴格瓦蒂（1998）作了尖锐的回应：

> 许多地方都是错的。当印度人通过各种报纸、杂志和书表达看法，以及发表各种各样关于经济和政治的观点时，如何能说存在挤出这回事；评论者已经发现人们无所顾忌地讨论社会问题，包括印度的不平等和贫穷……但更重要的是，减少对跨国公司的关注，会让人们错失关键，那就是印度的经济改革要求印度加入全球化时代，而且印度的对内直接投资在 1991 年时少得可怜，只有 1 亿美元左右，因此有非常重要的赤字问题需要处理。
>
> 关于可口可乐的例子不过是对跨国公司投资的恶意中伤；但它又背叛了一个假设，那就是可口可乐只是供精英或西方化的中产阶级所享受，而非真正的穷人。更有可能的是，精英和中产阶级更多的是从浓缩咖啡中获取咖啡因，而穷人则只能用可乐来替代！（p. 199）

事实上，我们可以更进一步指出，改革前的无效率政策伤害的不仅是富人，也包括了穷人和下中产阶级。这是因为富人可以设法对抗这种无效率。以 Jean Drèze 和 Amartya Sen 所嘲讽的是否应当允许私人经营城市公交为例。对于那些每天要花一个半小时在德里公交上的人来说——作者巴格瓦蒂本人一天要乘两次，从郊区 Motibagh 的小公寓到德里大学——绝不会认为通过私人经营改善服务是可笑的；只有那些拿着高薪和各种顾问收入，开着菲亚特汽车的人才不必关心城市公交服务的效率问题。类似的，如果改革能够提高电力供应，德里夏天电力供应中断的频率就会大大减少，也就能帮助睡在轻便床上的穷人，用风扇帮他们驱热。而对富人来说，他们的房子有自己的发电机，即使电力中断，也可以安睡在空调房中。

神话6.4　改革迫使印度在布雷顿森林体系下加入了"华盛顿共识"

另外一个通过西方媒体传播并被印度的左翼评论家不断重复的流行神话是：布雷顿森林体系将"华盛顿共识"强加于印度的改革之中。这是曾经身为世界银行副总裁，并监督了许多发展中国家活动的斯蒂格利茨所用的一个词。①

其实，"华盛顿共识"只不过是华盛顿自负（Washington Conceit）而已。提倡在全世界进行更自由的贸易，以及促进印度和其他发展中国家的繁荣，这方面的理论和实证工作首先要归功于20世纪60年代早期印度经济学家的努力，后来才影响了世界银行的思想与政策。②丹尼·罗德里克在他还未开始怀疑自由贸易之前所写的一篇早期文章中说，世界银行没有做过任何基础研究。他是对的。

在印度，将改革称为"华盛顿共识"的结果不过是一种另类思考，这些人中有许多对主权问题极为敏感，还有一些左派知识分子则是因为对美国心怀仇恨。

但这种认为改革是华盛顿（布雷顿森林体系或美国财政部）"强加的"看法完全是无稽之谈。1991年的危机提供了改革的机会。从Bhagwati和Desai（1970）提出改革的议程，到1991年之后开始严肃地实施改革，完全是印度人自己思考和写作的结果。是人们越来越认为印度的政策制定者误入了歧途，且经济已经被反生产的政策所害，才催生了改革的需求。印度向布雷顿森林体系寻求担保贷款时所附加的条件恰好说明了印度自己想要做什么。事实上，布雷顿森林体系想要进一步往前走——比如，制定适当的企业退出政策，以及在20世纪90年代初废除消费品进口的许可证制度——但由于

---

① 他还和Narcis Serra编辑了论文集，其中有尼赫鲁大学的Deepak Nayyar的贡献，她显然也赞同斯蒂格利茨的观点，这本书名为 *The Washinton Consensus Reconsidered*（New York: Oxford University Press, 2009）。

② 巴格瓦蒂在斯德哥尔摩演讲中描述了战后商业政策理论的革命，以及其主要研究结果（他本人自1963年起领导了这场革命），演讲已经出版，名为 *Free Trade Today*（Princeton, NJ: Princeton University Press, 2001）。已故的V. K. Ramaswami和T. N. Srinivasan也在这场革命中扮演了重要角色。

印度国内的政治限制，它并没有成功。而这些都是印度许多改革派经济学家在多年前就已经主张的。

如果仍有人对此表示怀疑，不妨这样问：如果改革是糟糕的且由外力强制引入，为什么当危机出现时，印度不回到老路上去呢？事实上，继任的政府都在不断地加强改革，虽然大胆程度和步幅不一。本书作者之一帕纳格里亚在1989—1993年工作于世界银行，有第一手的资料表明，1991年12月的第一次结构调整贷款（结束于1992年12月），世界银行选择贷给印度，不是因为后者接受了贷款条件，而是因为世界银行希望与印度保持关系。是世界银行需要印度，而不是印度围着世界银行转。[①]

有必要在这个问题上引用已故的纳拉辛哈·拉奥总理的话，因为改革是在他的任期内开始的。众所周知，拉奥不愿意谈关于改革的任何事。但当问到改革是否是在国际货币基金组织和世界银行的压力之下开始的，他这样回答[②]：

> 我的政府所启动的改革同时包括了处理当前的情况，以及为这个国家适应变化的世界局势而制定的长期战略。
>
> 我们相信这些改革是必要的，现在这一点已经成了全国上下不分党派的共识。
>
> 不过，要说改革是在世界银行和国际货币基金组织要求下才开展的，那并不正确。
>
> 我们已经发展出了一种适应我国现实情况的模式，可以称之为中间道路和市场化（Market Plus）。

---

① Panagariya在1993年春末第一次访问德里时，是世界银行贸易与投资自由化贷款项目的一位成员。世界银行的高级官员认为不应该贷款，除非印度同意废除对消费品的进口许可证。不过当提出这个想法以后，世界银行马上发现这是不可能的，所以很快就改变了主意，并发放了贷款。印度将消费品进口自由化是在差不多10年以后的2001年4月1日。而世界银行在此期间还是一直贷款给印度。
② 见Ahmad（1995）。

印度进行改革的经验与俄罗斯和中国并没有什么不同。正如专研俄罗斯的顶尖经济学家 Padma Desai 所观察的，戈尔巴乔夫认为苏联在经济快速下滑的情况下，旧的政策框架已经无法维持了。这些改革者的想法受到好几个来源的启发。所谓的"华盛顿共识"又做了些什么呢？

与印度和苏联的改革一样，中国的改革也是内生的。"华盛顿共识"对这三个大国的改革并没有提供什么帮助。

第二部分　新挑战：第一类改革，促进更快和更广泛的增长

第七章　第一类和第二类改革

　　亲爱的同胞们，为了实现这个伟大目标（在 10 年内将印度的人均收入翻一番），我们必须在经济领域进行许多重大的改革。同时，我们也要在行政部门、司法制度、教育和其他领域展开必要的改革。改革迫在眉睫……改革是为了将不可避免的变化引向正确的方向。改革是为了提高每位公民的生活。比如说，电力部门的改革……将确保有足够的电力应对不断增长的生产和工作。类似的，电信部门的改革会帮助在全国范围提供更廉价的电话、移动电话，以及互联网服务。我们不必对改革心怀恐惧。我记得在绿色革命时期，也有一些人表达了类似的恐惧。这些最后都被证明是无根据的……

　　我强烈要求我们的农民、工人、其他生产者、工商业者，以及知识分子都致力于构建有利于经济改革的共识。

——瓦杰帕伊总理用印地语在德里红堡所做的独立日演讲，2000 年 8 月 15 日

在第一部分我们已经强调，对一个穷国来说，增长是减少贫穷的必要条件。增长可以令穷人进入更好的就业岗位，直接减少贫困；同时也创造更多的税收，使国家能够加强实施针对穷人的再分配项目，从而间接地减少贫困。[1]我们同时也表明了，以增长为中心的减少贫困战略，会产生彼此互相加强的作用，因此当1991 年开始大幅改革之后，印度从一个增长缓慢的经济体转变为快速增长。

因此，印度的改革已经加快了增长速度，并通过可行的再分配扶贫项目帮助穷人，让这个国家摆脱了在 20 世纪 80 年代弥漫于整个社会的无助心理。[2]然而，改革仍在进程之中，还有很多需要完成的工作。

自独立之后，印度的规划者和政治家便同时通过增长和再分配来减少贫穷。印度独立时的收入水平非常低，而且由于增长缓慢，直到 20 世纪 80 年代，收入的提高幅度有限，可用于再分配的国家税收也相当少。不过，随着增长的不断加速（尤其是在 2003—2004 年度之后），政府的收入越来越多，有能力实施大范围的再分配项目，如国家农村就业保障计划。

虽然有这样的好消息，但国家仍然有 3 亿人生活于官方的贫困线之下。而且，由于官方贫困线所设的是维持生活的最低水平，还有许多生活在贫困线之上的人也只是勉强糊口。

因此，我们仍然急需维持和提高更具包容性的增长。同样的，再分配项

---

① 在用"再分配"一词时，我们并不就是指提高来自富人的税收，并将钱花到穷人身上。事实上，我们在第三部分所表达的一个主要担心便是，除非这些再分配项目经过仔细的研究，有适当的目标，并能够防止大规模的政治掠夺，否则是无法转到穷人手上的。

② Gary Fields（1980）是当年研究贫穷问题的第一流专家，他这样描述印度的贫穷问题："印度是悲惨的贫穷国家。人均年收入低于 100 美元。在印度人中，45% 的收入低于 100 美元，90% 低于 150 美元。在全世界的绝对贫穷人数中……印度占了超过一半。在 20 世纪 60 年代，人均私人消费支出每年增长不到 0.5 个百分点。印度的贫穷问题太严重了，她的资源太少了，是否能有任何内部政策变化……实质性的改善问题，是值得怀疑的。"（p. 204）但 Fields 并没有严肃地考虑这种可能性，那就是印度对反生产力经济政策框架进行改革，能够快速提高增长，并有效地减少贫穷。

目在向穷人提供更多的帮助时，也必须变得更有效率。

未来的改革战略有两类：

· 第一类改革：维持和提高增长速度，并使其更具包容性。
· 第二类改革：在扩大再分配项目范围的同时，让它更有效率。[①]

1991 年以来的自由化改革已经卓有成效。从 2003—2004 年度到 2010—2011 年度，印度的增长率达到了惊人的 8.5%。乍一看，好像第一类改革已经大获全胜，不需要再做什么了。[②]这也是 2004 年以来执政的团结进步联盟（UPA）的看法，这届政府几乎完全集中于实施社会项目——第二类政策。

但这种认为第一类改革已经完成的看法是错误的。出于两个理由，印度离完成第一类改革还很远。第一，增长的潜力仍有许多未开发之处。整个经济还存在巨大的无效率状况。改善这些无效率之处不仅能扭转近来印度经济的下滑，还能将经济增长推进到两位数。第二，增长所直接减少的贫穷数量，用一个百分点的经济增长所提高的工资水平和就业机会来衡量还可以增加——印度可以做得更好。

关于第一点，印度的生产力仍然低于其潜力。根据 2007 年的印度政府报告，57% 的就业人员从事低生产力的农业，产出只占 2004—2005 年度总产出的 20%。即使在工业和服务业内部，84% 的工人所在企业的雇工人数少于 10 名，这些企业通常都是低生产力的。[③]相比起韩国、中国台湾与中国大陆等地来，印度大型私营企业的就业人数非常少，而且增加速度也极慢。

---

① 当然，这两类改革之间并不是完全独立的。增长会直接影响税收水平，并决定再分配项目的可能规模。同样，教育和卫生保健也可以产生更有技能和更健康的劳动力，这又可以促进增长。两类改革之间也会产生冲突，尽管这是很罕见的。举例来说，像印度在 1991 年所面临的宏观经济危机就必须大规模削减财政赤字，这样经济才能稳定，并回到快速增长的轨迹。这可能会在短期削减一些社会项目。同样的，像国家农村就业保障计划这样的再分配项目，会由于公共工程的雇用而将就业挤出私人市场，对增长产生负面影响。

② 我们在第二部分主要讨论第一类改革，把与第二类政策有关的话题集中在本书第三部分。不过要警告读者的是，我们的讨论并不全面，而是集中于每个领域最重要的方面，并应该引起政府的迫切注意。对更广泛主题的更为详尽讨论，读者可以参阅 Panagariya（2008a）的新书。

③ 见印度政府（2007）。

在服务业部门，4 位雇工及以下的企业占了总就业的 73%，在 2006—2007 年度其增加值却只占总量的 35%。更为极端的是，规模最大的 650 家服务业企业占了总增加值的 38%，其雇工却只占 2%。大型企业也有更高的增长：在 2001—2002 年度到 2006—2007 年度，5 位雇工及以上的企业的年增加值为 28.2%，而小型企业则只有 4.5%。[①]

制造业也表现出了类似的模式。通过比较印度和中国的就业模式可以更好地看出这一点。在 2005 年，印度 90% 的工人是在 8 位雇工或更少的企业中工作。而在中国，只有 2.5% 的工人是在这样的小企业中工作。在另一个极端，印度雇工超过 200 名的企业的就业人数只占总数的 5.3%，中国则是 56.6%。[②]

显然，通过在正规部门的就业进步，还有很大的提高效率和加快增长的空间。这里的生产力指的是每位工人的生产力，而非总生产力。但总生产力方面也可以得出相同的结论，因为数量惊人的低效率小企业在加总之后，效率仍然远远低于那些大企业。

继续推进第一类改革的第二个理由是，要使得改革更具包容性。尽管所有证据都表明，20 世纪 80 年代以来的加速增长减少了贫困[③]，但比起 20 世纪 60 和 20 世纪 70 年代的韩国、中国台湾以及最近的中国大陆来，印度的这种减贫效果要轻微得多。

出现这种差异的关键原因是增长的性质。在那些社会，增长是由劳动密集型部门（如服装、鞋、轻工业产品）的大型高生产力企业的快速增长所推动的。而在印度，推动增长的动力则来自资本密集型和知识劳动密集型产业，如汽车、两轮和三轮车、工程产品、炼油、电信，以及软件业。因此，在 20 世纪 60 和 20 世纪 70 年代的韩国和中国台湾，以及近来的中国大陆，我们看到了工人从农业部门迅速地转移到更能赚钱的制造业和服务业部门。但在印度，仍然有大量的工人留在农业部门。

---

① 见 Dehejia 和 Panagariya（2012b）的进一步细节讨论。
② 见 Hasan 和 Jandoc（2012）的进一步细节讨论。
③ 请回顾我们在第 4 章和第 5 章的讨论。

更具体的来看，韩国在 1965—1980 年的年均增长率为 8.3%。在这个时期，韩国的农业劳动力比例从 59% 降到了 34%，工业部门的劳动力比例则从 10% 提高到 23%，服务业部门从 31% 提高到了 43%。同时，实际工资增长率为每年 11%。

作为鲜明的对比，印度的农业就业人口比例降得非常少，再加上人口增长，在 1993—1994 年度到 2004—2005 年度，农业部门的绝对就业人口还增加了。农业部门的产出在 2004—2005 年度只占总产出的 20%，如此多的就业人口却只享有很少比例的收入。我们需要更多的第一类改革，为这些未充分就业人口创造好的工作机会。

人们也许会观察到，支持第一类改革的两个理由——加快增长和使增长更具包容性——是互相加强的。生产力增长要求将工人从低生产力的农业部门转移到高生产力的工业和服务业，以及从工业和服务业内的非正规部门转移到正规部门。这样的进程同样会让增长更具包容性。

下一章，我们要讨论为什么这个国家有这么多没有技能或技能不足的工人，而印度企业并不愿意雇用他们，还有如何进行正确的改革。

第八章　多重的劳动法及其改革

现在是时候认真考虑是否要改革当前的劳动法规和执行机制，以帮助印度出口商抓住全球市场的庞大机会了。我相信，正确的劳动法改革可以同时维护工人的利益，创造更多的就业，磨砺印度出口的竞争力。

——瓦杰帕伊总理在出席国家出口奖时的演讲，

新德里，1999 年 1 月 21 日

对劳工最有利的到底是纸面上看来非常进步的法律，还是停止去伤害人们原本试图保护的工人？

——辛格总理在工会所做的一次演讲，

2010 年 11 月 23 日

从贫穷的农耕经济转变为现代经济，通常需要三个关键的转型：第一，劳动力从农业部门转移到工业和服务业部门；第二，工业和服务业内部的工作从非正规部门转移到正规部门；第三，更为快速的城市化，因为正式的制造业和服务业部门通常都在城市地区。

关于最后一类转型，就算工业是在农村或靠近农村的地区兴建的，该地也会转变为城市。最戏剧性的例子要属中国的珠三角地区，在1985年这块地区还主要是农田和村庄，但在经济改革之后，通过工业化，现在这里已经成为一个巨大的都市区域中心。无论以哪种方式，工业化与现代化都会携手走向城市化。

虽然印度农业的产出比例有了很大下降，但就业人口比例仍然很高。而且，工业和服务业的就业也主要是在小型和非正式的低生产力企业中。因此不奇怪的是，城市化的进展也相对缓慢。

根据每10年进行的人口普查，印度的城市人口比例在60年中只增加了14个百分点，从1951年的17.3%增至2011年的31.1%。在过去10年，脚步有所加快，提高了3.3个百分点，但对于向现代经济的转型来说仍嫌不够。相比来说，中国的城市人口从1980年的19%增至2008年的45%，每10年要增加9.3个百分点。韩国在20世纪60年代和20世纪70年代的城市化速度甚至更快。

印度企业家不敢雇用劳工

在这三个关键转型上，进展缓慢的关键原因在于，正规部门中的印度企业家不敢雇用低技能劳动力。讽刺的是，这个国家有接近4.7亿劳动力，可所有证据却表明印度企业家极不愿意雇用无技能的劳动力。在所有雇工达10名或以上的私人企业中，工人的总数量从1990—1991年度的770万增加到了2007—2008年度的980万。在同一时期，雇工在10名或以上的私营制造企业中，工人总数量从450万增加到了500万。[①]跟每年新增的1000万劳动力相比，这样的数量增加过于微小。之所以会如此，有三个关键因素。

---

① 见2011经济调查，附表3.1，p.A52。

制造业的缓慢增长

快速增长的低收入经济体有一个共同特征，那就是制造业的迅速扩张，因为这会把缺乏技能的劳动者从农业转移到收入较高的就业岗位上。20 世纪 60 年代和 20 世纪 70 年代的中国台湾与韩国以及后来的中国大陆都是如此。今天的工业化国家，如英国、德国和美国，在当年从农业社会转型为工业社会时，也表现出相同的特征。

可是今天的印度尽管增长很快，却没有出现这种模式。制造业占 GDP 的比例从 1981—1982 年度的 16.8% 降到了 2008—2009 年度的 15.8%。在一个低收入但快速增长的经济中，制造业是良好就业的主要来源，因此其缓慢增长必会拖累劳动力离开农业部门的速度。

劳动密集型制造业的糟糕表现

虽然制造业占整体经济的份额停滞不前，但制造业产出结构如果调整为有利于不需技能的劳动密集型行业，而不是资本密集型和知识密集型部门的话，仍然会有可能增加缺乏技能的劳动力就业岗位。[①]不幸的是，这种情况也没有发生。

在最近的一份研究中，Das, Wadhwa 和 Kalita（2009）精准地分析了这个问题，他们采用了从 1990—1991 年度到 2003—2004 年度 96 个有组织的制造业部门的产出和投入数据。他们发现其中有 31 个部门是劳动密集型的，如食品和饮料业、服装、纺织品及家具制造。在 1991 年，这些部门的增加值只占总值的 12.94%。因此在那个时候，劳动密集型部门在总体制造业中并不是很重要。可后来还是如此：它们的份额在 2000—2001 年度提高到了 15.9%，而在 2003—2004 年度又降到了 12.91%。事实上，在 2003—2004 年度到 2010—2011 年度间，印度增长最快的部门包括了汽车业、两轮和三

---

① 在印度，"有组织部门"在原则上指的是制造业活动，也就是根据 1948 年《工厂法》所登记注册的制造企业。根据法律，有 10 个及以上工人并使用电力的企业，和不使用电力但拥有 20 个及以上工人的企业，都需要登记。由于根据 1948 年《工厂法》，服务业并不需要登记，甚至连大型企业如 WIPRO、Infosys 和 TCS 也是无组织部门。

轮车、炼油、工程产品、电信产品、制药业、金融，以及软件业。这些产业要么是资本密集型，要么是知识密集型的。

那出口情况又如何？印度出口的商品结构也一样越来越偏向于资本密集型产品。如图 8.1 所示，工程产品、化工和相关产品、珠宝首饰以及石油产品（这些要么是资本密集型，要么是知识密集型行业）占了印度 1991 年总出口产品的 41%。到了 2007—2008 年度，这些产品的出口比例已经达到总出口的 65%。而在同一时期，成衣制造业（最不需要技能的劳动密集型行业）的出口比例则从 12% 降到了 6%。工程产品和石油产品都是高度资本密集型产品，其扩张程度是最大的。

服装和配件业的故事生动地体现了印度在世界劳动密集型产品方面的糟糕表现。[①]这些产品代表了一个极为巨大的世界市场，并且奠定了中国在 20 世纪 80 年代和 20 世纪 90 年代的出口领导地位。事实上，尽管从 21 世纪初起，电气和电子产品逐渐成为中国的主要出口产品，但中国仍然主宰着服装和配件市场。相反，印度甚至无法跟上孟加拉国的脚步。

表 8.1 表明在 21 世纪的头 10 年，印度的服装和配件出口与孟加拉国和中国相比的比例。在 2001—2007 年，印度出口到美国的服装产值与孟加拉国几乎相同。而如果计算出口到全世界的产值，2002 年印度要领先孟加拉国差不多 40%。但优势逐渐丧失，到了 2007 年，印度只领先孟加拉国 5.7% 了。

跟中国相比的话，印度不管是在美国还是世界市场上都表现得极差。即使在电子产品成为最大的出口商品之后，中国仍然在服装和配件业上遥遥领先于印度。从 2001—2009 年，印度出口相比于中国出口的比例从三分之一降到了不足七分之一。乌拉圭回合纺织品和服装协议下多边纤维协定的终结，正清楚地揭示出印度工业相对于孟加拉国与中国的无效率。

---

① 服装配件参考 UN SITC 分类下的第 84 类。

1990—1991年度的商品出口总额：181亿美元

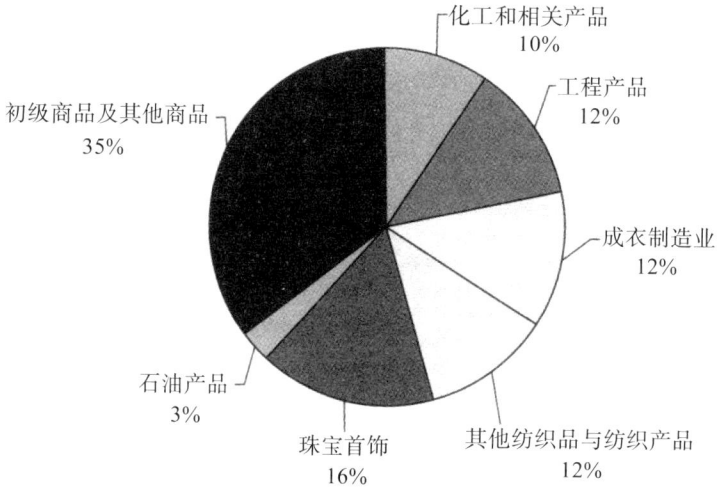

化工和相关产品
10%

工程产品
12%

初级商品及其他商品
35%

成衣制造业
12%

石油产品
3%

珠宝首饰
16%

其他纺织品与纺织产品
12%

2007—2008年度的商品出口总额：1631亿美元

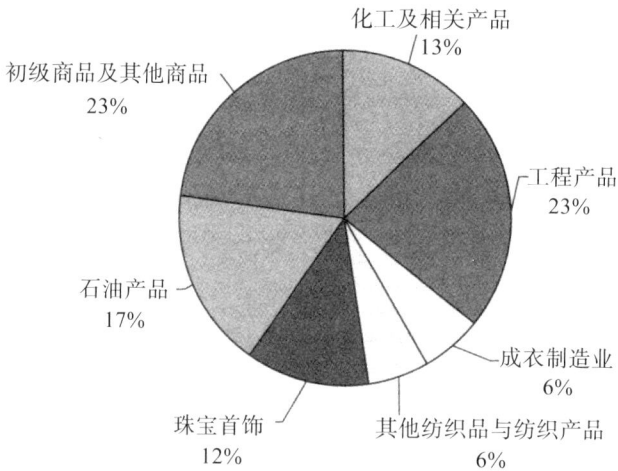

化工及相关产品
13%

初级商品及其他商品
23%

工程产品
23%

石油产品
17%

成衣制造业
6%

珠宝首饰
12%

其他纺织品与纺织产品
6%

图8.1　印度在1990—1991年度到2007—2008年度的商品出口结构

来源：根据印度商业数据统计局的统计

表8.1 印度的服装和配件出口相对于孟加拉国和中国的百分比

	孟加拉国		中国	
年份	美国	世界	美国	世界
2001	85.9	134.6	33.4	15.0
2002	95.0	143.0	32.1	14.1
2003	100.8	124.6	25.7	12.1
2004	98.8	110.0	23.9	11.2
2005	117.4	126.5	20.2	11.8
2006	107.4	115.0	18.5	10.0
2007	96.4	105.7	15.4	8.6
2008	N.A	N.A	15.3	9.1
2009	N.A	N.A	13.8	11.2

来源：基于美国商品贸易数据

生产的资本密集度很高，而且变得越来越高

增加能赚钱的无技能就业机会可以转向劳动密集型程度更高的技术。但从证据来看，运动方向是慢慢远离而不是朝向劳动者。相对于印度在一开始的要素禀赋，企业在生产中使用更多的资本密集型技术，而且随着时间的变化，这种趋势越来越明显。

Hasan，Mitra 和 Sundaram（2010）证明，在印度大部分制造业中，劳动—资本比例要低于其他有着类似发展水平和资源禀赋的国家。在比较了印度和中国的 19 个制造业部门之后，他们指出在 1980—2000 年，印度的人均资本存量一直高于中国。他们同时也发现，在 1980—2000 年，印度的人均资本存量的增长率也一直高于中国。这并不奇怪，因为在中国，这些部门的就业一直稳定增长，而在印度则陷入停滞。[①]

---

① 事实上，支持印度制造业劳动—资本比呈下降趋势的证据是压倒性的。Rani 和 Unni（2004）发现包括有组织和无组织制造业部门，资本—劳动比都在猛烈上升。Chaudhuri（2002）计算了从 1990—1991 年度到 1997—1998 年度的三位数有组织制造业部门，同样发现了逐渐下降的趋势。Das，Wadhwa 和 Kalita（2009）则在 1990—1991 年度到 2003—2004 年度的 31 个劳动密集型有组织制造产业中同样发现了劳动—资本比的迅速下滑趋势。

与企业规模分布的联系

印度的劳动力高度集中于小型企业的关键便是不愿意招无技能的劳工，尤其是在劳动密集型部门。小企业的优势地位又会转而伤害出口绩效，因为这样的企业没有意愿去寻找和发展大型国外市场。相反，将产品卖到本地市场远远更符合他们的成本—效率。

Hasan 和 Jandoc（2012）在近来的重要研究中分析了某些主要部门的企业规模分配，如服装，汽车和汽车配件，分别代表了高度劳动密集型和资本密集型的部门。[①]他们的研究进一步阐明了我们已经粗略描述过的印度制造业结构。

通过比较有组织和无组织的制造业企业的数据，Hansan 和 Jandoc（2012）第一次发现，在 2005 年，在印度的所有制造业企业中，84% 的工人竟然都在雇工为 49 人或更少的企业中工作。大型企业（这里的定义是雇工在 200 名或以上）只雇用了所有制造业工人的 10.5%。与之相反，同年在中国，小企业和大企业雇用工人的比例分别是 25% 和 52%。

通过部门的分解，Hasan 和 Jandoc 发现，在劳动密集型部门，印度的企业规模分布更偏向于小企业，而大型企业则集中于资本密集型部门。像高度劳动密集型的成衣业几乎都是小企业，92.4% 的工人在雇工少于 50 人的企业工作。这种分布与中国形成了鲜明对比，那里的成衣业中，87.7% 的工人在中型或大型企业工作（见图 8.2）。印度成衣业的企业规模分布也与本国资本密集型的汽车和汽车配件业形成鲜明对比，2005 年这些部门的大型企业雇用了 50.3% 的工人（见图 8.3）。

印度成衣业几乎没有中型和大型企业（尤其与中国相比），显然与这个部门极差的出口表现是有关联的。在这个有比较优势的主要部门无法大规模占有出口市场，还可以推衍到印度劳动密集型制造业以及整个制造业的糟

---

① 关于印度企业规模分布的研究工作包括 Mazumdar（2003）及 Mazumdar 和 Sarkar（2008）。这些作者都有兴趣地发现印度过度集中于小企业。大企业也有一些，中型企业则完全不见。

糕表现。关键是要理解为什么印度没有像韩国、中国台湾和中国大陆那样增长，印度劳动密集型部门中仍然没有大型企业。

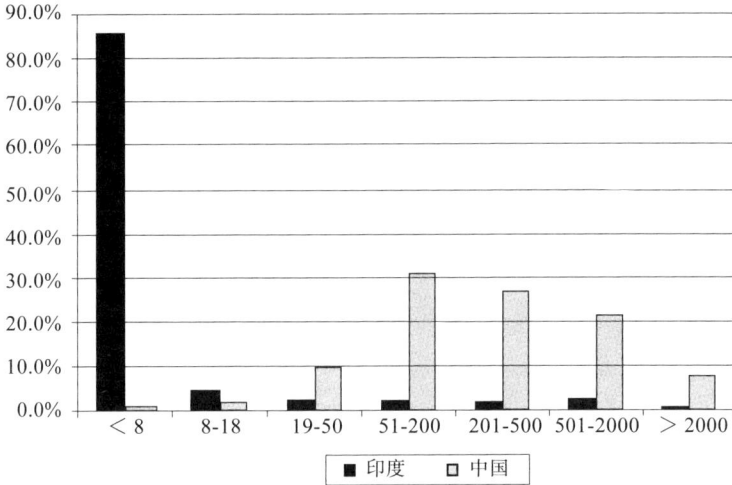

图8.2　中国和印度成衣业企业的雇工规模比例，2005年

来源：Hasan and Jandoc（2005）

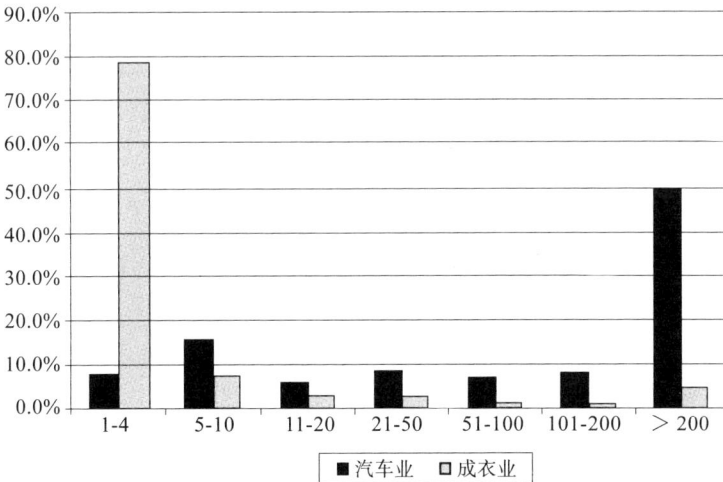

图8.3　成衣业与汽车业及汽车配件业雇工规模的比较

来源：Hasan and Jandoc（2012）

忽视劳动力和土地市场改革

为什么在推动出口的过程中，还有那么多改革没有完成，以至于印度的劳动密集型部门缺乏中型和大型企业，也没有创造出更多的好工作岗位？最可信的解释是，改革只集中在产品市场（以及有限度的关注了资本市场自由化问题）。在劳动力市场和土地市场，仍然存在多重的管制，严重阻碍了整体的制造业以及特别是无技能劳动密集型部门的增长。

过往的改革已经在产品市场和资本市场解除了四个重要层面的管制：

·废除了投资许可证，使得大型企业可以在高度资本密集型的"核心"产业以外进行投资

·在工业和服务业，阻止企业进入世界市场的保护政策被废除了，但农业仍然维持了高度保护

·为那些拥有先进技术及能够联结世界市场的外资企业打开了大门

·最重要的，有效地终结了所有劳动密集型产品事实上都保留给小企业生产的预留制度（reservation）①

许多分析家都认为改革，尤其是最后一个改革，为劳动密集型部门的大型企业崭露头角铺平了道路，并实现劳动密集型产品出口的大繁荣。但这并没有发生。为什么？

一开始，成衣业（世界最大的劳动密集型产品市场）的问题可以归因于印度执行了多边纤维出口配额。印度的政策是将未使用的出口配额分给新企业，而不是已有的企业。这意味着现有的成功企业无法扩张，以利用小企业预留制度终结之后所产生的优势。但当 2005 年随着乌拉圭回合多边贸易协定的成功终结，多边纤维协定配额也告结束之后，这个解释便失灵了。

真实的情况是，还有许多层管制和障碍仍在阻碍印度大规模劳动密集型制造

---

① 虽然还有少数产品维持了预留制度，但 2000 年 3 月的行政命令已经允许愿意出口至少 50% 所制造产品的大型企业也可以生产这些产品。因此，从实际的角度来看，预留制度已经不再发挥作用了。

业的崛起。主要原因高度刚性的劳动力市场，使得正式部门的劳动力过高。

此外，还有三个因素也阻碍了大规模劳动密集型制造业的崛起：缺乏现代的破产法，以允许失败者平滑的退出；高度扭曲的土地市场；以及糟糕的基础设施。值得注意的是，尽管经济改革已经进行了 20 年，但从未尝试对已经过时且影响经济所有方面的劳动法规进行改革，而新的管制则通常都是给予工人更多的社会保护。

多重的劳动法规

印度的劳动力市场正与快速增长时期的中国台湾、韩国以及中国大陆形成了鲜明的对比。除了开放和高储蓄率之外，这些地方还都有高度灵活的劳动力市场。工会的力量很弱。企业拥有雇用和解雇工人的大权。而在印度，有组织部门中的固定工人所拥有的法律保护超过了绝大多数发达国家，在那些发展中国家的早期发展阶段可能听都没听过这些保护措施。

劳动法强加给企业的负担如不对某些法律进行详细讨论的话，是无法完全阐述清楚的，在本章我们就会这样做。在印度宪法之下，劳工是一个"并行"的主题，也就是说中央政府和地方各邦都会在这个领域颁布法律。而他们当然也极乐意行使这项权利。

劳动部在劳动领域列出了多达 52 件独立的中央政府法令。[①]根据印度工商业联合会前秘书长，现任西孟加拉邦巴纳吉政府财政部长 Amit Mitra 的说法[②]，印度在邦层次上还另有 150 种法律[③]。这样算来，印度的劳动法总数达 200 种。多重法律创造出了各种混乱，因为它们彼此之间并不完全一致。你

---

① 见 http://labour.nic.in/act/welcome.html（2011 年 10 月 29 日访问）。计划委员会工作小组的一份名为 "Labor Laws and Other labor Regulations" 的报告列出了 43 种劳动法，见 http://planningcommission.nic.in/aboutus/committee/wrkgrp11/wg11_rplabr.pdf（2011 年 10 月 29 日访问）。

② 巴纳吉在最近的州议会选举中击败了长期执政的共产党政府。

③ Amit Mitra 是在 NDTV 电视秀 *Big Fight* 中作这些陈述的，www.ndtv.com/convergence/ndtv/new/Ndtv-Show-Special.aspx?ID=289#VPlay（2011 年 10 月 29 日访问）。

要是不违反其中的 20%，便无法 100% 执行印度的劳动法。^①

1926 年的工会法要求有 7 个及更多员工的企业可以建立工会^②。这或许让雇工在 6 名及以下的企业拥有了最大的劳动力流动性。比如说，法律授权工会进行罢工，以及代表工会成员在劳动法庭上与雇主辩论。由于工会专员可以是外部人，因此争议会随着工会的成立而不断增加。企业只要将雇工降到 7 人以下，便可以将劳动力相关的问题最小化。我们前面所看到的微小企业在成衣业部门占据主导地位，便与这个事实有关。

雇工在 10 名及以上的制造业工厂，不过它们是否用电，都要受制于 1948 年《邦员工保险法》。邦政府也许还会将法律规定延伸到其他工业、商业，或农业部门。对雇员来说，如果月工资高于 10000 卢比，法律便会提供疾病、生育、残障、家属、老年医疗保健、葬礼、工伤和康复方面的福利。

另一方面，超过 10 名员工的用电企业，以及不用电但员工超过 20 名的企业，都要受制于另一种法律：1948 年《工厂法》。这个法律要求工人每周最大工作时间不超过 48 小时；每工作 10 天必须有 1 天休息；每工作 20 天必须有 1 天有薪假日；禁止雇用年龄低于 15 岁的儿童；禁止妇女每天工作超过 9 个小时，以及禁止妇女在晚上 7 点到早上 6 点工作。

法律还提出了其他要求：工厂必须保持干净，包括每 14 个月刷白一次，以及每 5 年重涂一次；强制执行适当的废物处理；要求数量足够并且互相分隔的男性和女性休息室；以及不中断的供应饮用水。法律还提出了对工人安全的要求，包括机器围栏和机器的运动部件；用防护镜来保护眼睛不受过量的灯光和红外线、紫外线辐射的伤害；防火设施；以及运载妇女和儿童的设施的重量限制。

此外，随着雇工人数的增加，强制性要求也不断增加。比如说，当工人

---

① TeamLease 公司的 CEO Manish Sabharwal 在上面提到的 NDTV 电视秀 *Big Fight* 关于劳动法这一期中作了这个评论（www.ndtv.com/convergence/ndtv/new/Ndtv-Show-Special.aspx?ID=289#Vplay）（2011 年 10 月 29 日访问）。
② 更准确地说，该法规定一家企业中的 7 个及以上工人可以组建一个工会，只要他们能代表至少 10% 的劳动力。而企业中的 100 个工人可以建立一个工会，哪怕他们的比例低于 10%。

数量达到 150 人时，企业要提供餐厅（lunchroom）；达到 250 人时，必须有食堂（canteen）。而如果企业雇用了 30 位妇女，就要有托儿所。

这些规定有许多除了执行成本很高，并且增加了雇用更多劳动力的成本以外，《工厂法》还产生了大量的文书工作。举例来说，每个工厂必须保留出勤情况、成年工人雇用、涂白和油漆的时间、离职工资发放、提供卫生保健（万一工人认为存在危险），以及事故发生率等的记录。企业还必须每半年或一年将信息报告给相关机构。

只要员工在 20 名及以上，不管是在工业还是服务业，都要服从 1952 年《劳工退休基金及杂项规定法》。该法要求提供三类福利：需供款的公积金，对雇工及家庭成员的退休金福利，覆盖了包括在病时提供现金支持、生育福利、支付工伤导致的残障，以及医疗费等的保险。[①]

但我们几乎还没有摸到压迫印度企业家的各种劳动法的皮毛呢。事实上，其他一些法律强制提出了各种要求，其中一些适用于所有企业，另一些则有适用的工人数量门槛。通常中央立法会授权地方各邦将立法规定的范围扩展到没有覆盖的地方，而地方各邦当然也会毫不犹豫地使用。在这些关键立法中，包括了 1961 年《产假法》，适用于所有企业；1948 年《最低工资法》，要求邦政府在某些指定工作中规定最低工资；1965 年《红利法》，适应于所有在《工厂法》下注册的工厂，和雇工在 20 名及以上的公司；1972 年《离职金法》，适用于所有工厂，和雇工在 10 名及以上的公司；1923 年《工人赔偿法》，适用于所有企业；1946 年《工业雇用（常规）法》，适用于所有雇工在 100 名（有些邦是 50 名）及以上的企业。

虽然所有这些中央和地方的立法都并没有得到良好执行，但仍然为小企业增加了文书和归档方面的大量负担。事实上，许多企业在大量的中央和地方立法之下，甚至并不知道它们的义务究竟是什么。无意识地违反了一条或更多法律是不可避免的，尤其是对那些大企业来说，这显然为劳动部门的检查员打开了腐败之门。

---

① 月收入达到 6500 卢比或更多的所有员工都必须加入公积金计划。

要是不谈谈 1947 年《工业纠纷法》（IDA），关于劳动法的讨论便是不完整的。这个重要的法律覆盖了所有企业（不论大小）的工业纠纷。纠纷通常是雇主和一个或更多工人之间的。但法律也包括了其他纠纷，如两个或更多工人之间以及两个或更多雇主之间的纠纷。法律设定程序并定义了解决纠纷的制度基础。它同时也表明了雇主可以将任务分配给工人的条件、解雇工人的条件以及管理罢工的规则。其中有一些关键条款在背后不成比例地约束了雇主，这必然会使他们不愿雇用固定工人，而改雇劳务工。

第一个条款是，IDA 将管制劳工—雇主关系的审判权赋予了（通常是企业所在邦的）劳动部门。法律将工业纠纷定义为任何规模企业对工人做出的任何开除、解职、终止合同，或实施解雇的决定。第一步解决争议的步骤是调解，问题在于劳动法庭一边倒地支持劳工，其理论是企业有足够的财力，工人则较弱势。在 1950 年，通过修法来改革 IDA 中的反雇主偏见的尝试失败了，后来就没有类似的尝试了。

第二，IDA 的 9A 条款规定，在所有雇工达到或超过 50 名的工业企业中，雇主对工作条件作任何改变，都要提前三周告知工人。这些改变包括换岗、分类管理、工作纪律、影响劳动力需求的技术变化，以及与雇用、职业、流程或部门相关的变化。工人有权拒绝这些变动，这样就会造成工业纠纷。

第三，也是最重要的，IDA 的 VB 章使得雇工超过 100 名的工业企业即使在根本不盈利，甚至面临倒闭的情况下，也不可能解雇工人。这一章是于 1976 年补入的，一开始是应用于雇工在 300 名及以上的企业。到了 1982 提交并在 1984 正式生效的修正案中，将适用企业门槛从 300 名工人扩大到了 100 名工人。适用于该条法律的企业如想解雇工人，就必须得到劳动部门的同意。劳动部门几乎不可能同意这样的申请，即使该部门毫无利润，甚至面临关停。如果要关停，企业主还必须拿其他运营部门的利润来支付工人工资。很少有国家的劳动法律中有类似规定。

最后一个重要的劳动法规是 1970 年《劳务工（管制与废除）法》。劳务工是指企业间接雇用的工人：劳务公司雇用这些工人，并支付薪水，然后再与企业签约，提供劳务服务，并获得报酬。企业对这些劳务工人并没有直接责任；事实上，它甚至不需要知道这些工人是谁。通常来说，劳务公司会雇用这些劳务工在规定时间从事规定任务。但由于在很多情况下这些劳务工人有经济上的优势，企业也偏向于使用这些劳务工人，以避免烦琐的劳动法所带来的负担。

1970年《劳务工（管制与废除）法》试图限制这种规避法律的行为。它的目标是对某些特定企业雇用劳务工进行管制，并在某些特定情况下加以废除。该法适用于雇工在20名及以上的企业以及劳务公司。法律中的一些规定是为了保护劳务工的利益。但有一条关键规定赋予政府裁量权，禁止一家企业在常规岗位或核心岗位上雇用劳务工。政府也有权拒绝一家企业使用劳务工，如果其他类似企业在执行相同任务时使用固定工人的话。许多邦利用这条规定禁止整个部门使用劳务工。

为什么那些怀疑劳动法会产生负面影响的人错了

烦冗的劳动法是企业家在成衣业这类部门选择保持小规模的原因，在这样的行业中，劳动力成本要占总成本的80%。随着雇工人数提高到7人、10人、20人、50人或者100人以上，劳动法所附加的成本也逐级提高。随着企业规模从6人增加到100人，在这两点之间，由于规模扩大而节约的制造成本几乎不可能承担满足这些法律所产生的额外成本。或许只有规模非常大的企业才能承担劳动法所带来的额外成本。我们最终只剩下规模极小和极大的企业，中间规模的企业消失了，这也就是印度的现状。不过在劳动密集型部门，任何规模的企业都不如微小企业有吸引力。

国家公共财政与政策研究所的Ajay Shah讲过一个印度企业家进入劳动密集型部门的悲剧故事[①]。几年前，他问一位印度第一流的工业家："你是个聪明人；你看（多边纤维协定）配额已经取消了。你已经身在纱和布行业，为什么不干脆做大一点？"那位企业家回应道，由于成衣业的低利润，只有

---

① Shah 是在数年前新德里的一个会议上讲述这个故事的，并在最近与 Panagariya 的电子邮件通信中确认了这一点。

当雇用工人达到 10 万名时，才值得尝试。然后他又补充说，可以在印度严格的劳动法之下，这根本是不现实的。

不过，还是有一些分析家仍然否认是劳动力市场的刚性导致了印度劳动密集型企部门缺少中型和大型企业。这些分析家转而提出了一些支持他们立场的观点。

他们首先批评潜在工人的识字率不够。根据这种观点，即使是那些不需技能的任务，如剪裁、缝纫、固定，以及包装衣服等，也需要一定的识字水平，这正是印度所缺少的。这个看法是错误的。当前印度大量小企业所雇用的裁缝可以满足多重任务。他们当然也能够在大工厂中重复执行一项或多项任务。同样，印度全国的毛入学率完全可以反驳识字率不足的那种说法。

另一种观点则是看到了在中国劳动密集型部门的大型企业中，工人主要都是妇女。根据这种看法，印度的社会氛围和法律框架并不支持妇女在大型工厂工作。[1]比如说，印度家庭不愿意让妇女夫工厂工作，而且像 1948 年《工厂法》这样的法律也禁止妇女在晚上 7 点到早上 6 点进行工作。这个观点背后的预设同样是错误的。有什么理由男人不能在成衣业、鞋袜业以及玩具业工厂工作呢？在妇女就业方面，当然我们应该修改工厂法，以允许她们在晚上工作，但就算在当前的法律下，她们也可以在白天工作，由男人在晚上换班。[2]

有种观点认为劳动密集型产品（最有代表性的便是成衣业）要求能够及时地运输到出口目的地，如欧洲和美国。服装和配件业的需求是季节性的，像沃尔玛这样的大买家会制订非常紧的日程表。这就要求有第一流的基础设施。在工厂和港口之间有任何闪失的可能都会导致订单的丢失。印度的基础设施太过落后，无法满足快速运输的需求。虽然这种看法有部分真实之处，但印度的基础设施并非任何地方都差。古吉拉特邦的基础设施便很好，包括其港口的装载和卸货都非常方便。印度的一些邦确实需要大力改善其基

---

[1]　MIT 斯隆管理学院的经济学家黄亚生在数年前向 Panagariya 提到了这个看法。

[2]　1948 年《工厂法》的一项修正案已经提出，允许妇女在晚上轮班，该修正案在 2008 年已经放到了国会面前。

础设施，但它并不能解释为什么印度所有邦都没有大规模的劳动密集型制造企业。

还有种看法是说，小企业变大需要获得信用贷款，可大多数这类企业都没有相应的信用。这种观点同样是错的，因为在资本密集型部门，如汽车和汽车配件，大中型企业所雇员工的比例要远远超过劳动密集型企业（如成衣业，见图8.3）。除非有其他问题，如劳动法，使得成衣业的风险高过汽车和汽车配件业，否则银行没有理由在这样一个劳动力丰富的国家反而歧视劳动密集型企业。

还有种说法是，当就企业环境调查进行现场访问时，企业很少把劳动力市场的刚性当作核心问题。但这个现象完全是误导性的；这是经济学家所称的调查企业样本的"选择性"问题的结果。在劳动密集型部门中，中大型企业可能会抱怨烦冗的劳动法，但它们根本就不存在，所以在样本调查中没有代表。样本调查中的大型企业要么来自服务业部门，要么是资本密集型制造业。服务型企业并不需服从某些最具限制性的劳动法规，如《工业纠纷法》中的VB章，因此不太可能谈论这个问题。事实上，在《工业纠纷法》之下，许多服务业的雇员甚至不被认为是"工人"。而对资本密集型部门中的大型企业来说，劳动力成本低于总成本的10%，而且企业的人均利润也很高，能够承担劳动力市场刚性所带来的成本。他们甚至可以用黄金降落伞来换取自愿失业，以处理裁员问题。而对劳动密集型部门中的大型企业来说，劳动力成员要占总成本的80%，人均利润也很低，无法作同样的处理。

有些人认为尽管劳动法在纸面上确实烦琐，但企业并不会完全执行。可事实是，印度的大型企业没有选择进入劳动密集型部门，但在其他可比较国家却会这么做，这表明它们无法从成本—效率的角度来逃避这些法律。能够逃避并不意味着逃避的成本很低。毕竟，企业在1991年改革之前，也学会了绕过进口和投资许可证。但我们现在认识到这么做是有巨大成本的，只有少部分企业能做到。从40年的低增长来看，国家为管制也付出了巨大的成本。

Uttam Nakate的案例向我们说明了，僵硬的法律再结合过重的审判，甚至让资本密集型部门中的大型企业也负担沉重。下面是Sanjeev Sanyal

（2006）对这个案子的简要总结：

> 在 1983 年 8 月，Nakate 在他所工作的普纳市一家工厂的铁板上睡大觉。之前他的这种行为已经被发现了三次，但都被从轻处理。这一次他的雇主 Bharat Forge 对他施以惩戒，经过 5 个月的听证后，Nakate 被判有罪并解雇。但 Nakate 上诉劳动法庭，认为他是不公平的贸易实践的受害者。法庭判同意，并强迫工厂让他重新上岗，同时支付未付工资的50%。双方都对判决表示不满（Nakate 认为补偿太少）。经过 10 年的司法程序，在 1995 年另一个法庭判决给予 Nakate 更多的钱，因为他现在太老了，无法受雇。Bharat Forge 最终于 2005 年 5 月走上了高等法院——距离事件发生已经 20 年过去了——法院最终判决雇主有权解雇常常在工作时间睡觉的工人。（p. 9）

显然，这种"逃避"对 Bharat Forge 来说成本太高了。

最后一种看法认为劳动市场的刚性只适用于一小部分劳动力。以这种观点来看，超过 90% 的劳动力是在非正规部门工作，或在正规部门中从事非正式工作，这表明尽管劳动法极为糟糕，但劳动力市场的大部分仍然是高度弹性的。这是一种非常狡猾的论点。我们讨论的是印度企业的规模过小，尤其是劳动密集型部门中缺乏大中型企业。这个论点回避了真正的问题，那就是为什么印度的正规就业中只有一小部分劳动力。

在研究为什么劳动密集型部门中缺乏大型企业时，Hasan 和 Jandoc（2012）探讨了邦层面上的政策和结果差异。他们首先比较了劳动管制较为灵活与劳动管制刚性的不同邦之间的整个制造业企业规模分布，发现不同邦之间几乎没有什么差异。可是，当他们把样本限制在劳动密集型制造业中时，发现在劳动管制灵活的邦中，大型企业的雇工份额不成比例的高，小型企业的雇工比例则极低（图 8.4）。即使在这些相对灵活的邦中，劳动法也仍然是高度限制性的，会阻碍大中型企业的兴起，因此邦水平上的差异显然是相当显著的。

为了确证在邦水平上的差异背后没有其他因素，Hasan 和 Jandoc 也比较了各邦的产品基础设施。但没有发现各邦在大型企业和小型企业所占就业比例上的真实差异。

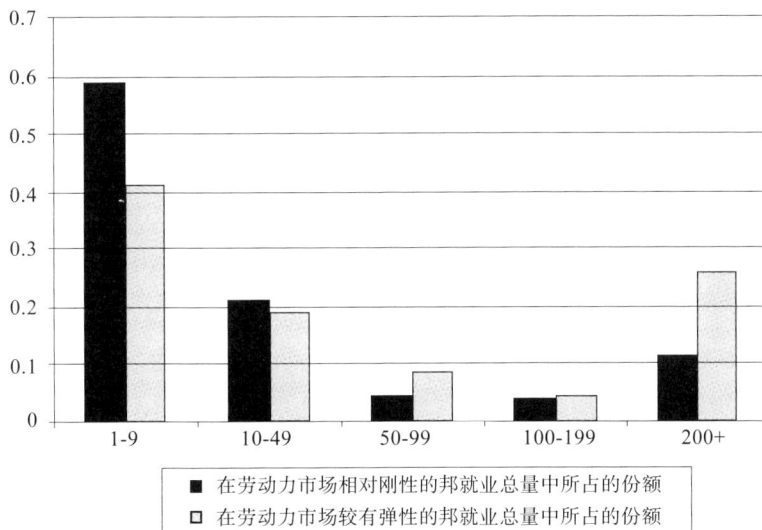

图8.4　在劳动法较有弹性和相对刚性的各邦之间，劳动密集型制造业的企业规模分布

来源：Hasan and Jandoc（2012）

劳动法：我们必须做什么？

几乎印度所有的劳动法规都超过了 40 年寿命，1970 年《劳务工（管制和废除）法》是印度国会通过的最后一件劳动法案。在那时候，这些法律或许的确在再分配方面有利于工人。投资和进口许可证确保了幸运地得到许可证的企业能获得利润。因此通过超高的保护政策强迫企业将利润分享给工人是有道理的。

但随着投资和进口许可证制度的废除以及贸易的开放，国内企业面临激烈的竞争。在这样的情况下，如此高的保护只会阻止经济在有比较优势的地方进一步专业化。如果印度要在劳动密集型产品方面走向专业化，创造更多的正规部门工作机构，也因此使得增长更具包容性，就必须改革劳动法。

从理想角度，印度需要对劳动法规作全面改革。但劳动法修改在政治上最最有难度的。所以改革必须集中于伤害性最强的法律。目前最需要改革的是 1947 年《工业纠纷法》。这条法律对雇主施加了太大的压力，让他们没有充分的激励在劳动密集型部门进行大规模扩张。由于中国的工资水平已经高到要挤出这些部门，印度有机会成为世界制造业中心。但如果雇工的成本仍然如此之高，机会便会被其他小国拿走，如越南和孟加拉国。这些国家允许企业在合理的情况下雇用和解雇工人，并且维持工人和雇主之间的权利平衡。结果，这两个国家可以看到许多成衣业这类部门的大型企业，而且整个部门的增长速度极快，并在出口方面表现极佳。

对 1947 年《工业纠纷法》作一些调整是极为有益的。第一，在（所有规模的企业）工业纠纷中关于解雇（retrenchment）的定义必须加以限制。《工业纠纷法》对解雇的定义是"雇工出于任何理由停止一个工人所提供的服务"，而不是根据纪律所施加的惩罚、自愿退休、到达合同规定的年龄限制后退休，以及工人由于违反了合同规定的条件或者合同到期后不再续约而终止合同。在现在的定义下，就连销售下滑或者由于技术变化而导致的工人离职也被认为是解雇。Debroy（2001）痛斥根据这样的定义，印度法庭会认为试用工人以及无法完成工作的工人的离职也同样是解雇行为。这样的规定自然会大大增加工业纠纷的数量，减少了雇用工人的激励。在工业纠纷中对解雇的定义加以限制可以有限地减少类似争议，从而鼓励更多地雇用工人。

第二，1947 年《工业纠纷法》允许单个的工业纠纷诉诸劳动法庭和审裁处。应当代之以授权一个独立机构在规定时间内对一类指定案例做出最终裁决。这样至少使得解雇的基础没有争议（如在 Nakate 的案子中），独立机构可以在规则范围内做出最终裁决，哪一类解雇行为是允许的。

第三，《工业纠纷法》的 9A 条款对将工人转到另一个岗位工作施加了沉重的负担，应当加以调整，让雇主拥有更大的灵活性。至少，应当允许雇主自由地将工人调换到事先规定的其他岗位上去。举例来说，如果技术使得现有的雇员出现了冗余，雇主应当有权将他或她分配其他合适的岗位上。更广义地说，雇主应当有权将工人重新分配到一系列事先规定的岗位中。

第四，虽然《工业纠纷法》禁止公用事业机构在没有事先通知的情况下罢工，但对其他工业企业并没有这样的限制（除非在调解或仲裁期间）。法律也没有要求工会成员在决定是否罢工时秘密投票。这种鼓励盲目罢工的事态对企业健康发展非常有害，必须对这方面的工业纠纷法进行改革。

第五，《工业纠纷法》的VB章让雇工100名及以上的企业在任何情况下都不可能解雇工人，也必须加以改革。有趣的是，这一章是1976年才加入的；在之前29年中的《工业纠纷法》并没有这一条，印度只需要回到1976年之前的《工业纠纷法》。通过谨慎的运作，这在政治上或许是可行的。比如说，政府可以使法律不适用于一小部分只有少量大型企业的劳动密集型部门。像成衣业的企业规模分布仍然像图8.2和8.3所示，那么在这个部门废除VB章只会影响很少一部分员工。要是这在政治上仍然困难，可以将成衣业的免除门槛从100人提高到500人，这样的企业只占整个部门的极少比例，实施起来更为容易。

在其他劳动法规中，应当修订1948年《工厂法》，其中某些规定对有10名或20名以上工人的企业过于烦冗。小企业不可能有这样的员工和专业知识来理解并执行法律中的各种管制。如果我们的理解正确，针对少于50名员工的企业应有数量更少和更可操作的管制。成功的大企业通常是从小企业脱胎而来，因此我们要给后者留出更大的发展空间。

1926年《工会法》也需要调整。该法已经使得大型企业中的工会不断扩散。一开始该法允许任意7个工人组建工会。2001年的一条修正案规定工会最少要包括10%的劳动力或100名工人。但这条修正案仍然允许大企业中拥有大量工会。结果，我们看到内韦利褐煤有限公司（Neyveli Lignite Corporation Limited）有多达55个工会。[1]这种组织特征使得集体谈判的过程存在严重问题，因为一个工会达成的协议不会自动适用于另一个。我们需要进一步改革法案，以将工会数量限制在一个可控的水平上。

---

[1] 见 www.nlcindia.com/news/news_awardficci.pdf（2011年11月4日访问）。

　　有没有办法为无数在非正规部门工作（这些企业的员工数量通常少于 10 人）的工人提供最低社会保护呢？以其数量之庞大，这样的保护似乎是不切实际的。依我们看来，解决之道是间接的，而且就存在于我们提倡的劳动力市场改革中，它能够加速非正规部门就业的增长、提高技能使工人能够获得更好的工作，以及将从第一类改革中所增加的税收用于强化第二类再分配项目（见本书第三部分的讨论）。

第九章　土地征收

和劳动力一样，土地也是 1991 年之后的改革仍没有过多触及的要素。关于土地征收的那些过时和失调的管制状况制造了严重的经济无效率。

1894 年的《土地征收法》制订了关键的管制方案，可它已有超过 100 年的历史了。该法虽然也经过数次修正，直到 1984 年的最后一次大修正，其基本规定仍然维持不变，而土地征收的过程也仍然极为过时。

在土地征收方面，至少有两个方面需要加以处理。第一，如果土地是私人所拥有的，政府必须定义可以获得的"社会目标"。第二，补偿拥有者的价格必须进行计算。

征收土地的"社会目标"的定义并不只是一个经济问题。在美国，高等法院最近允许以建超级市场作为社会目标来"获得"私人财产，只要该镇如果不建这个超市，便无法获得足够的税收维持运作。自由派的法官，如大法官斯蒂芬·布雷耶（Stephen Breyer），支持这个判决。但有一些州则大声抗议，并立法来推翻这个判决。

最后，关于什么是征收土地的合理社会目标必须通过民主来决定。印度的经验是混乱的，因为政府以低于市场的价格获得土地，并将它转手给特别经济区的工业家，或者用于私人开发商的房地产项目，以及私营企业的大型工业计划。计划于西孟加拉的辛谷（Singur）的塔塔 Nano 项目遇到了暴力抗议，最终该计划转移到了古吉拉特邦。韩国企业 POSCO 的奥里萨邦钢铁项目同样遇到了暴力抗议。

强制土地征收背后的原初意图是阻止一小部分人延迟"社会必需"的计划，如建设高速公路或铁路。这样的土地征收不可能以低于市场价格的方式大规模展开，这样做就相对于对私人土地拥有者征税。我们需要恢复这样的原初意图。任何重大的土地征收都不应当低于市场价格，特别是因为这相当于一种累进税，由政府和受益者（通常也是私人）共同分享。

相反，当前的法律简直是帮助肆无忌惮的邦政府和提出发展计划的大型工业家从私人土地所有者中进行偷窃。根据 Panagariya（2008b）的叙述，在西孟加拉邦辛谷，围绕着塔塔汽车公司的 Nano 汽车项目的冲突，2007 年 3 月塔塔集团与西孟加拉邦政府和西孟加拉工业发展公司首先达成了秘密的三方协议。在推动这个计划时，塔塔汽车已经在北阿坎德邦、喜马偕尔邦和西孟加拉邦间启动了一场竞价战争。最后西孟加拉邦获胜，它承诺以极低的价格提供公司建筑用地，地址就在辛谷，在加尔各答西北处仅仅 30 英里，并以总体纳税人为代价，给予其他实质补贴。

企业并没有对如此便宜的土地提供补偿。相反，它还以极不透明的方式用微薄的补贴强制获得土地，企业甚至在告诉农民价格之前先要求他们转让土地！反对派政治人物巴纳吉支持农民抵制政府的严厉手段和低廉土地补偿，并最终把塔塔汽车赶出了辛谷。[①]

---

① 这个故事还有一个插曲，警察向示威者们开火的行为激怒了人们。印度政府早就放弃了这种做法，西孟加拉邦政府这么做，可能是因为执政的共产党人无法接受这种异议。事实上，西孟加拉邦是唯一一个自有选举以来还没有轮流执政过的邦，绝大多数其他邦都实现了轮流执政。

以市场价格购买土地的理由有很多。政府现在还能像强迫征收立法之时所设想的那样，只因为私人业主可能提出过高的价格便进行干涉吗？商业利益和土地所有者的代表有可能认为政府仍然应该介入。但据我们所知，在现实中很少看到这种情况。在古吉拉特邦、旁遮普邦和卡纳塔克邦，大量的土地征收都是通过私人双方之间直接谈判而成的。由于土地成本只占总成本相当小的一部分，企业家可以提给卖家非常有吸引力的报价。[①]

另一种略有不同的观点是说，农民们就是不愿意出售土地。要是政府不介入这个过程，土地征收就不能实现。这是一个似是而非的看法，在古吉拉特邦、哈里亚纳邦、旁遮普邦、泰米尔纳德邦和卡纳塔克邦都已经完成了大量的土地交易。更有意思的是，Sukumaran 和 Bisoi（2011）提供了一个有趣的案例，卡纳塔克邦邦长在 2011 年 7 月 27 日发表声明说，在他的邦内不可能完成 POSCO 钢铁项目的土地征收。稍后，一些农民便请愿，要求邦长重新考虑他的决定。这些请愿农民已经发现卡纳塔克的工业发展商，包括公共部门企业 NTPC，为所征收的土地提供了合理价格，他们不想失去这个机会。两天之内，也就是 2011 年 7 月 29 日，邦长便更改了他的决定。

鼓吹土地拥有者权利的人认为，将政府排除出私人项目的土地征收之外，会导致工业家剥削土地拥有者。他们认为许多小农民并不知道土地的价值或法律赋予他们的权利，这会让他们处于劣势。尽管没有人会否认在土地交易中保护小农民权利的重要性，可根据近来围绕着政府以低于市场价格进行强制征收所引起的骚乱来看，土地拥有者对自己土地的价值有明确的认识。当征收价格低于市场价时，印度的非政府组织便很快地介入，站到土地拥有者一边。此外，用强制性广告来将大片土地购买者的购买价格公之于众，可能是解决不完美信息问题的一个更好方案。另一个解决办法是，由邦内的相关税收部门公开提供土地指导价。

有两种看法反对以非农业的目的购买和征收任何农地，不管是出于公众还是私人理由。第一种看法是，当农民出售土地后，便失去了谋生之道，这

---

① 见 Sukumaran and Bisoi（2011）。

是无法补偿的。但在出售土地之后，农民可以投资于年金保险，以确保他们的收入流能与耕地所得相当。[①]

第二，还有一些人认为，将农地转为其他用途会伤害印度的食物安全。但实际上，那种以为印度的非农业土地中有许多是从农地转来的印象是错误的。根据最新的研究数据，在2006—2007年度，非农业用地（如住房、工业和服务企业用地、道路、铁路、港口、机场等）加在一起也不过占印度土地使用的8.4%。相反，耕地的净面积占了总土地的45.8%。[②]就算我们将非农业用地增加20%，占总土地的比例也不过增加了1.7%，达到10.1%。在原则上，非农业用地的一大部分可以是荒地。但就算所有用地都来自农地，也无非是将农业用地占总土地的比例从45.8%降到44.1%。考虑到印度农业是如此无效率，其生产力远低于中国，因此只要能提高生产力，就可以弥补土地面积减少的巨大空间。此外，也没有理由认为印度不能通过食物进口满足一部分国内需求。

---

① 如果农民由于是文盲或不熟悉这类事情而不懂得怎么去做，政府可以提供帮助来确保农民获得必要的指导。非政府组织也可以扮演这个角色。这总要好过认为农民没能力将土地卖一个好价格。

② 森林面积占比为22.8%。剩余的23%为荒地、休耕地和未耕地所占的比例。

第十章　基础建设

人们已经充分认识到了建设面向 21 世纪的基础设施的必要性——这些基础建设包括多车道公路、全天候农村道路、铁路线、机场、港口、电信网络、运行良好的城市以及电力。实际上，加强基础设施建设也成了当代美国的话题，不同派别的政治家对刺激支出已经达成了共识，但却对是否应当把钱花在基础设施上莫衷一是，不过人们普遍认为它们需要修复："伦敦桥要倒了"与其说是童谣，倒不如说是一曲挽歌。

印度并没有受到由于基础建设超前于增长而常常产生的"诅咒"的折磨。举例来说，建设了道路，却无法保证贸易会随之而发展。人们常常会忘记，尤其在一些非洲国家，援助机构和受援政府想把钱花在建设道路和港口上，但简单的基础建设并不能自动转化为引起进一步基础设施需求的经济增长。在这些情况中，我们把马车放到了马的前面。幸运的是，印度已经出现了经济增长，对基础设施的需求远远超过了当前的供给水平。[①]

由于我们在需要全方位的改善和提高基础设施方面已经有了共识，摆在第一类改革者前面的主要问题是"如何管理和完成"。和发达国家一样，除了电信领域以外，其他不同的基础设施都要求公共部门承担领导工作，即使是通过公私合营来寻找私营合伙方也是如此。主要的差异在于，比起近些年的印度政府来，发达国家政府更有能力积极引入私人部门参与公共事业。

问题有很多，但我们在这里只集中讨论与加强第一类改革相关的那些。[②]

机场

航空运输方面，在新德里、孟买、海得拉巴、艾哈迈达巴德、班加罗尔，以及更小的城市如斋普尔等，都已经建设了现代化的机场。同时，在建设相关的航空运输基础设施方面，进展也相当顺利。

在这个领域，尚未进行的关键改革是印度航空公司（Air India），它在2010—2011年度便获得了超过10亿美元的补贴。[③]政府必须严肃地考虑将航空公司私有化。捷特航空公司提供了非常好的国际航空服务，是一个极好的榜样。

公路建设

在公路建设方面，当然存在融资问题，但同样重要的瓶颈是政府各部门之间缺乏协调。在全国民主联盟（NDA）执政期间，于2000年12月设立了

---

① 我们经常看到的现象是，卡车载着货物翻倒在拥堵的道路上，对公路行驶造成影响。一次巴格瓦蒂在新德里的汉莎航空公司休息室碰到了一对德国夫妇。男人的脖子上围着颈圈，女人的臂上则挂着吊带。原来他们是在从阿格拉到德里的路上撞上了一辆卡车。

② 更全面的分析可见 Panagariya（2008a，第 17—18 章）。

③ 该航空公司的失败有几个原因，如给政治人物自动升级，以区别于那些忠诚且带来更多生意的普通顾客；以及为那些政府选定的人提供免费终身旅行。部长们随心所欲地制定这种政策，毫无会计责任可言，因为造成的损失是由印度航空来承担，让它们吸收了巨大的赤字。或许解决这类掠夺印度航空的办法就是透明化，这样航空公司不得不披露谁获得了这种昂贵的赠品，以及得到了多少，以致招来骂名。

雄心勃勃的全国公路发展计划，将"黄金四边形"公路全部改建为四车道，第一阶段的承包合同在 4 年内就完成了。

虽然有了良好的开端，但在联合进步联盟（UPA）执政时，公路建设计划却延迟了。计划委员会禁止印度国家公路管理局从 2005 年初到至少 2006 年底再签新合约，因为 NDA 原先所用的合同有缺陷，需要有一个新的特许协议样板。[1]但就在计划委员会于 2006 年底出台了新的协议后，签订合约的过程也并不顺利。

后面的进展相当有限。到了 2010 年 7 月，公路运输部长 Kamal Nath 被激怒了，他希望能将公路建设加速到每天修建 20 公里。在一次关于公路的会议上他这样说，"我进入这个部门时，每个人都告诉我说，计划委员会不会让你这么做。"他接着把委员会描述为"轮椅上的顾问"，指出委员会根本不了解实际情况。"在喀拉拉邦建一条道路和在中央邦是不一样的。我们必须要有灵活的概念。喀拉拉邦的公私合营也必须与中央邦不一样。"[2]

这清楚地描述了不同政府部门间缺乏协调所带来的不利影响。修建道路和桥梁本身并没有什么困难。总理应当协调不同的政府部门，确保这个国家能够连贯地不断实施加速道路建设计划。[3]

电力

最为紧迫和需要协力解决的基础设施问题或许是电力。电力短缺是印度能够维持 8%—9% 年均增长的最大障碍。我们需要低成本的电力以保证劳动密集型产品的竞争力，因为它们的利润通常很低。如同我们前面所表明的，它会使得增长更具包容性。

---

[1] 见 Panagariya（2009b）。

[2] 见 "Kamal Nath, Ahluwalia Spar over Roadblocks"，*Economic Times*，2015 年 7 月 5 日，http://articles.economictimes.indiatimes.com/2010–07–05/news/27569574_1_kamal-nath-planning-commission-plan-panel（2011 年 11 月 7 日访问）。

[3] 根据新闻报道，道路建设近来加速到每天 11 公里，但仍然需要观察这样的速度是否可以维持。见 "11 km Added Per Day, Highways Back on Track"，*Economic Times*，2011 年 10 月 17 日。

但电力同样为印度所必须，因为我们要把电输送到农村地区。为农村地区输送电力不仅可以让日常生活更舒适，同样也会刺激当地的企业活动。

虽然 2003 年的《电力法》开启了电力部门的大改革，但仍然没有什么进展，在联合进步联盟执政期间甚至有所倒退（在电力关税的交叉补贴方面）。电力的人均消费量非常低，提高速度也极为缓慢。图 10.1 提供了相关国家间的比较，展现出了鲜明的对比。

图 10.1 表明了巴西和中国的人均电力消费量远高于印度。此外，从 1990 年起，印度与它们的差距在不断拉大。1990 年时，印度的人均电力消费还差不多是中国的一半，到 2008 年已经跌到不足 25% 了。更令人失望的是，越南在 1990 年的人均电力消费只有印度的三分之一强，而在 2008 年却已经达到了印度的差不多 1.5 倍。

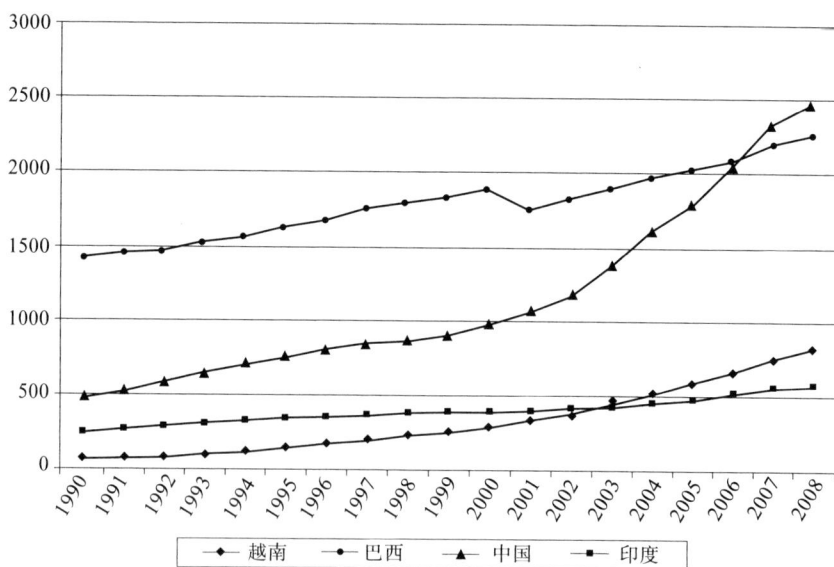

图10.1　人均年电力消费，按千瓦时计算

来源：世界银行在线的世界发展指标（2012 年 11 月 7 日访问）

城市基础设施

最后，印度也需要齐心协力建设城市基础设施。城市化是现代化的主要部分，这就要求功能完善的城市。除了新德里可能是例外，今天的印度很少有功能完善的城市。交通堵塞、崎岖不平的道路，而且班加罗尔和孟买等印度的主要大城市也都缺少大规模的快速运输系统。进出城市的缓慢令工人不得不住在城市当中，于是这又刺激了贫民窟的增加。

印度城市的主要问题来源在于它们的低层特性，这一点又因为容积率的严格限制而进一步强化，容积率指的是在给定土地面积上可以建的最大建筑面积。[1]放松容积率，便可以在有价值的土地上建更高的建筑，以拓宽道路，并在地面上建设大众快速运输系统。它同时还有助于建设一个充满活力的城市中心，将从一个办公室到另一个办公室的时间损失最小化。马哈拉施特拉邦等还没有废除1976年的《城市土地上限法》的邦需要这么做。首先要解决的，还是不间断的供水供电以及公共健康问题。

---

[1] 容积率通常由城市管理当局决定。在孟买的中央商业区，自1990年初以来，这个数字一直为1.3。这意味着1000平方米土地上只能建1300平方米的建筑面积。这导致了在这块极为稀缺的土地上，建筑只有一层或两层高，价格也就变得极为昂贵。

第十一章　高等教育

　　在一个快速增长的经济体中，高等教育改革是
必需的，因为社会需要数量越来越多的知识工人、
不断涌现的新产品和流程创新，以及不断地接受其
他国家已经研究出的新技术。同时这些改革也会产
生双重红利，通过让数以百万计的年轻人得以升造，
并分享1991年改革之后随着增长加速而不断出现的
机会，这也提高了增长的包容性。

　　说印度的高等教育陷入危机，这还是相当保守
的看法。众所周知除了少量学校以外，绝大部分公
立和私立大学的课堂教学质量极差，这正折磨着印
度。各大学和学院确实有充足和广泛的统一课程，
而且由于认识到好成绩会有良好的回报，优秀学生
也会努力掌握。但课堂教学的水平远远不能令人满
意，而且通常是很差的。

　　对大学的国际评比很好地反映了这一点。在
2011年9月发布的QS世界大学排行榜中，没有一

所印度大学（包括久享盛名的印度理工学院）能够进入前 200 名。相比之下，其他亚洲地区如中国、日本和新加坡，都有大学能进入前 100 名。

更重要的是，印度高等教育的毛入学率较低，上升速度也极慢。毛入学率指的是实际读大学的人口与该年龄段总人口之间的比例，在 2000 年，中国的大学毛入学率为 8%，印度为 10%。而到了 2007 年，中国的数字已经提高到了 23%，印度却只有 13%。显然有许多有能力读大学的学生，除了钱的问题之外，也因为大学数量的不够而失去了机会。

与中国比较大学的质量和数量的话，更是令人惭愧。在 1966—1968 年的"文化大革命"期间，中国的高等教育体系几乎被完全摧毁。相反，印度却有超过 150 年未间断的现代大学史。加尔各答、孟买和马德拉斯的大学最早建于 1857 年。虽然印度的大学体系在独立之初有明显加强，但在后 30 年却失去了活力，尤其是在中国重建大学体系的那段时间。

印度高等教育的问题有许多。不过核心问题是过时的管理结构让大学拨款委员会（UGC）拥有了事实上的垄断权，该法定机构自 1956 年起便成了整个体系的顶端。大学拨款委员会可以决定各个层面的课程、授予的学校，以及费用和（间接决定）教师薪水。最重要的是，它成了整个大学的看门人。没有它的批准，新大学是无法成立的。

在印度要成立新大学只有两条路：或者由大学拨款委员会将现有的学术机构（如一所学院或一家研究机构）提升为大学，或者是中央或地方政府通过立法建立一所由大学拨款委员会批准的新大学。

私立学院可以存在，但它必须加入一所公立大学才能授予学位。私立大学的进入非常困难，而且当它们进入以后，也必须维持单一：它们不能让其他学院加入以授予学位。他们要在其他邦开放卫星课程，也必须经过大学拨款委员会的同意，而批准程序是非常复杂的。

这种严密控制是假以保证教育的高水平之名而展开，可事实是公立大学的教育品质和理想相去甚远，且在不断下滑之中。

相反，在管理和注册会计师领域，由于它们超出了大学拨款委员会的管理范围，私立机构蓬勃发展。就连在工程大学机构，由于进入相对自由，私立机构广泛存在，保证了工程类学生的品质和数量，满足印度经济增长的需要。要是没有私立工程学院和管理机构的大力发展，为市场提供了高水平的工程师和管理人员，可以想象会对印度的增长产生什么样的影响。

除了少数地方如卡纳塔克邦和马哈拉施特拉邦，印度在医疗教育方面就没有这样的发展，因为印度医疗顾问委员会（IMC）的控制非常严密，它甚至威胁要立即关掉已经存在几十年的学院。IMC的垄断力量一直倾向于减少新医生的供应，其后果是可以想象的。同样的情况也发生在美国医疗协会身上，它长期以种种方式设置进入门槛。这些医疗协会能够逃脱谋杀的罪名（这里可没有一语双关的意思），是因为它们总是假定要是不通过严格管制限制新医生数量，病人就会承受严重的后果。但像印度这样的发展中国家无法承担满足IMC的成本。

在当下印度，这些问题尤为突出，因为随着人口结构的改变，大量的印度年轻人在未来20年将进入就读大学的年龄。联合国人口署估计到2010—2025年，印度20—49岁年龄段的群体将增加1.31亿人。政府缺少资金扩大大学和学院数量，以适应不断增加的年轻人口数量。因此，除了必须尽力扩张公立高等教育的数量以外，政府还需要放弃那种认为没有私立部门的大规模参与，也能够满足这个国家的年轻人教育需求的伪装。

摆在政府面前的唯一一个教育政策选择便是，结束事实上的许可证制度，让国内和国外的营利与非营利机构都能轻易地进入市场。大学拨款委员会可以设定一套私人机构必须满足的标准，但除此以外，它在当前扮演的看门人角色必须结束。

在当前体系下，还产生了另一个重要的问题，那就是由一位退休的高等法院法官所领衔的委员会来决定学校可以收的学费（甚至包括私立学校）。委员会所设定的费用是通过估计包括其他类似机构的一般老师薪水而做出的。这样的费用当然会限制那些希望聘请最优秀教师的学校支付薪水的能力。事实上，这样的费用上限也限制了学校能够付给老师的薪水上限，自然也就限制了学校聘请最优秀老师的能力。由于当前优秀教师的稀缺，私立的学院和大学应当灵活地吸引在国外学成的优秀印度年轻人回国。但如果不解除可以支付的薪水上限，是无法做到这点的。因此，放宽对公立学校和私立学校的学费控制是大学拨款委员会必须作的政策改变。

那种认为高学费会加深贫与富之间差距的看法是不合逻辑的。和初等教育不一样，好的高等教育会产生好的收入回报，并没有明显的外部性。因此，有足够的经济理由支持根据市场基础确定学费。至于平等问题，则应该通过独立地为任何有资格的学校的学生提供贷款来处理。

在这方面，英国由布朗勋爵担任主席的高等教育独立调查小组最近发布的研究报告做出了精彩的分析和政策建议，值得引起印度的注意。[①]虽然英国在 1989 年废除了大学教育资助委员会（部分类似于印度的大学拨款委员会），但其大学水准相比起美国来仍不断下滑。由于意识到这个事实，英国在过去 15 年积极改革其高等教育体系。布朗调查小组便是往这个方向的最新一步，其目的为提高教育方面的投资、确保授课的世界级水准以及使有能力的人更容易接受高等教育。

布朗报告建议英国应当废除现存的 3000 英镑学费上限，并提出其他两个利于进入的关键规定。第一，学生不必预付费用，政府为每位学生付给大学的补贴不超过 6000 英镑。当学校收费超过 6000 英镑时，要缴边际累进税。上缴的税收则用于支付低收入家庭学生的生活费用。第二，在毕业之后，当学生的收入达到一定水平之后（他们的建议是年收入 21000 英镑），要缴还政府所资助的费用。

从我们的角度来看，布朗报告正确的认为，这一揽子方案将引发大学更激烈的竞争，因为它们预期更好的教育能够收取更高的费用。同时，由于不必预付费用，给了学生更大的选择和进入权利。新体系让他们可以自由地加入能给他们提供最高净回报的学校。它同样会刺激高等教育所急需的投资。

接着我们再看外国大学在提高印度高等教育质量和供给方面的角色。最近，人力资源发展部长 Kapil Sibal 允许外国大学进入的做法已经引起了正反

---

① 关于布朗报告的进一步分析，见 Panagariya（2010b）。

两面的争议。[①]反对让外国大学进入印度的流行观点是，由于这些外国大学财力雄厚，会吸引掉印度一流大学（如印度理工学院和印度管理学院）的最佳师资。但这个看法毫无说服力。

第一，最好的研究者也希望身边有最好的研究者。因此，外国大学要从已有的学校中挖掘优秀师资也并不是件容易的事。这也是印度商学院（ISB）的经验，该校可能是印度最接近世界级的外国教育机构。其30位常驻教师中只有4位来自于声誉良好的印度管理学院。

第二，外国大学教师的主要来源肯定是印度的海外学者。印度商学院的30位常驻教师中，有差不多20位是近来在海外毕业的。在2009—2010学年，仅美国一地就有71000名印度研究生登记入学，他们在未来都可以充实印度的教师岗位。同样的，适度的激励也可以让现在的资深大学教师来印度校区做兼职老师。印度商学院和印度理工学院在非常驻教师岗位中有一些是海外的世界级印度学者。

第三，就算某些教职员工离开了原来的印度好大学，加入了在印度的外国大学，这就造成净损失了吗？毕竟，他们还在为印度学生服务。而且这样的竞争所产生的整体利益要大于害处。而且，这种损失一部分会伤害其他生产力的想法反映了以前的"人才外流"模型：今天的教师主要通过电子邮件、电话，以及偶尔的访问和会议等人际互动非常重要的方式与相似专业的学者一起工作。如经济学家 Frances Cairncross 在不久前所写的，我们正在见证"距离之死"；或者，由于在同一个地方工作被经济学家保罗·克鲁格曼称为"地理"，我们也可以说地理已经成为历史。

不管如何，所提议的《外国大学法案》不太可能产生一股外国大学涌入印度的洪流。由于法案中有大量的保护措施，许多外国大学并不觉得进入印度是有吸引力的。举例来说，有一个规定限制外国大学的收费要与国内没有资助的私立大学一样。这就自动限制了他们支付高薪给教师的能力，当前的法案就算原封不动的通过，也不会吸引许多外国大学来到印度。最终人们会要求对法案进行修正。

---

① 细节见 Panagariya（2010c）。

第十二章　其他第一类改革

我们已经讨论了要拓宽和深化 1991 年以来开始的第一类改革所必须进入的一些最重要领域。但还有一些深化改革所必须触碰的领域，这包括国际贸易、外国投资和农业。[①]

印度的贸易自由化过去虽然步伐缓慢，但一直在进展中，而到了联合进步联盟（UPA）执政期间则开始停滞不前。尽管印度在工业产品和服务贸易方面已经相当开放了，但仍有进一步自由化的空间。最高的工业关税率，不计算高峰关税，也仍有10%。不过因为有一些相当高的高峰关税，工业关税的平均值仍有 12% 左右。按今天的标准这仍然是相当高的；显然还有很大降低关税的空间。

[①]　Panagariya（2008a）讨论了其他领域的第一类改革，如印度的破产法、公民服务、补贴、私有化、土地业权，以及金融政策等。事实上，我们需要进行的改革领域实在太大了，因为在 1991 年之前的政策框架的反生产力性质，摆在改革者面前的任务类似于海啸之后的清理工作。

转到服务业，印度已经明智地向外国直接投资开放了综合品牌零售业。由于国内企业在这个部门已经活跃超过 5 年了，可以证明那种担心会伤害夫妻小商品店的想法是多余的。同时，通过外国零售商如沃尔玛和百事可乐公司发展供应链和扩大出口的潜力是很大的。①

印度的农业也仍然维持高度保护。那些对开放贸易会伤害印度农民的看法是过度夸大的，就像 1991 年以前人们对制造业的担心一样。就像自由化强化而非弱化了制造业一样，印度也能从农业的自由化中受益。

但印度还需要继续对农业做更进一步的改革。要想让那些继续从事农业的劳动力提高收入，以及让农业劳动力加速转向工业和服务业，就必须进行一些关键的改革。

第一，关键要在农业生产领域引入更多的竞争。有些令人惊讶的是，虽然在制造业和服务业已经走了很长一段的市场化改革，但农业的进步却很有限。在原来的农产品营销委员会（APMC）法案之下，政府垄断了农民的产品，从农民那儿买进农产品，再卖给批发和零售商。这已经被证明是非常无效率的，而且会伤害农民的利益。自 2003 年以来，已经开始了对 APMC 法案的改革，但进步缓慢，而且在不同邦的进展也不均匀。尤其是，一些大邦如北方邦和西孟加拉邦还没有进行改革，而另一些地方如旁遮普邦、哈里亚纳邦和德里只进行了部分改革。充分的改革应当允许农民将农产品卖给任何人，包括消费者；并且允许农民签约将产品直接卖给投资人。如果印度想要利用综合性外国零售商，并实现现代农业产品供应链的增长，APMC 改革是关键所在。

第二，印度必须解除所有对跨邦粮食流动的限制，这才能够将整个国家变成单一市场。这就必须废除 1955 年《基本商品法案》，该法给了地方政府巨大的权力来限制农产品的储存、运输、定价、分销和加工。

第三，印度食物公司（FCI）负责监督整个国家的公共分配体系，它现在已经变成了一头由 40 万雇员组成的大白象，而且在储存和分配网络方面

① 特别见 Kohli and Bhagwati（2012）的全面分析，以及 Bhagwati and Kohli（2011）较为简略的讨论。

高度的无效率。大量食物腐烂和被雨水冲掉，以及在分销系统中的损失都是常见现象。我们会在本书第三部分详细讨论这个领域的政策，但在这里要指出的是，印度食物公司必须大量裁员，其许多活动应当通过各种政策措施转给私人部门来经营。

第四，我们需要采取各种提高农业生产率的措施，包括给予农民地契，以及简化出租和出售土地的法令。我们也需要通过公共的推广服务来普及新种子和新的耕作方法。没有这样的支持，是无法达到转基因和 BT 种子所能实现的生产力的。

第三部分 第二类改革，更有效和更具包容性的再分配

第十三章　第二类改革

> 过去 10 年的经济改革主要集中在减少政府
> 对私人部门的控制上；控制会妨碍企业的活动，
> 并滋生腐败。这是必需的。但还有很多直接影
> 响了每位公民生活品质的关键领域，政府必须
> 在其中有角色。这包括为发展提供基础设施，
> 提供基础教育和公共卫生保健，提供饮用水和
> 公共卫生。
>
> ——辛格总理 2004 年 6 月 24 日在新德里发表
> 的全国演讲

在原则上，通过第一类改革实现增长，并经由
我们在第二部分所讨论的改良方法，可以减少贫穷。
贫穷的减少肯定可以提高服装、住房和其他能够改
进生活水平的支出。但这并不能保证可以充分地提
高营养和健康水平，因为没有人会保证增加的支出
会用在改善营养、健康和教育上。

举例来说，如果高收入导致了快餐消费，结果从消费不足型营养不良转变为错误消费型营养不良，营养情况反而会恶化。从墨西哥通过格兰德河偷渡到美国的非法移民的孩子往往营养不良，他们过去吃的是用洋葱和辣椒调味的玉米煎饼，现在则买面包圈、汉堡和炸薯条，由于用在美国所赚的低工资（远远超过了他们在墨西哥所挣的）也能负担这些，导致了肥胖和相关的营养问题。所知不多的父母会认为（就像全世界所有穷地方的人们所想的），胖孩子总比瘦孩子好。

解决这个问题的办法不仅是更多的收入，而且还有更多的信息和教育。如果随着贫穷的减少，营养和卫生保健确实有了进步，那么"推动"穷人把钱花到正途上当然是整体政策框架的重要部分。[1]同样的，印度的政策设计师从一开始就在减少贫穷政策之外，将提高营养、卫生保健和教育作为独立的目标。

和第一类政策一样，第二类政策也需要加以设计。我们会在后面的章节中针对具体社会目标进行详细讨论。在本章剩余部分，我们先作一点宽泛的分析。

直接转移 VS. 工资就业

用税收收入资助穷人的一种办法是增加他们的购买力。我们手上有两个选项：直接转移支付或以高于市场的工资请来做社会工作。[2]两个选项之间的差异在于，前者是单边转移，而对后者来说，如果受益者所接受的高于市场的工资中包含了津贴，那么他必须工作。[3]这里的问题包括，转移支付和工资应当付现金还是实物，以及资助是只针对穷人还是包括所有人口，这些

---

[1] 这些问题及处理他们的政策建议，Bhagwati（1988）在25年前就讨论过了，其中吸纳了许多经济研究，见1987年在艾哈迈达巴德的 Vikram Sarabhai 演讲，名为 "Poverty and Public Policy"。

[2] 这类公共工程所付的工资具有重要含义，下面会讨论到。

[3] 所支付的是现金还是实物是另一个独立的问题，我们下面会谈到。原则上，转移和工资都可以用现金或实物来支付。

我们都会分别讨论。此外，就业这个选项又引出了复杂的问题：劳动力如何分配给不同的活动，以及这种分配对劳动力市场又意味着什么。

现金转移支付 VS. 实物转移支付

虽然就业方案和转移支付的目标只是让受益人获得最低程度的购买力，但政府有时也想通过这种转移支付来影响受益人的消费模式。举例来说，政府希望从受益人的消费篮子中排除出某些不良的商品和服务之外，如酒和妓女。同时再将一些社会所希冀的商品和服务放入消费篮子中，如营养食品、教育和卫生保健服务。

实现这个目标的通常办法是，用免费或低于市场价格的办法对特定商品进行实物转移支付。[①]但只要稍许思考一下就会清楚，只要转移的商品还存在私人市场，一般来说政府就无法通过实物转移来改变受益人的支出模式。只要私人市场上的米价高于补贴价，这样的补贴便无法影响受益人的消费篮子。他可以按较高的市场价将补贴的米转卖出去，然后获得现金。在这种情况下，现金和实物支付是相等的；事实上，从行政成本的角度来看，现金转移支付可能比实物转移更有利。[②]

当实物转移涉及服务时，情况就不一样了。比如说，只有通过上面写着受益儿童名字的教育券才能进行转移支付，这时它就无法转变成现金，因为没有买卖教育券的私人市场。写着特定受益人名字的医疗券也是一样的。

但这里的前提是，政府能够公开透明地强制使用这些代金券。如果没有这种能力，受益人还是能将实物转换成现金。如在教育券中，孩子的父母可以跟学校达成幕后交易，以比如说面值的一半换成现金。学校则以全部面值向政府换钱，没有付出一分教育孩子的成本。病人和医院也可以就医疗券达

---

① 举例来说，在研究中的食物安全法案会通过公共分配系统提供高度补贴的粮食，这样就会增加大米和小麦的消费。

② 政府消灭将实物转换为现金可能性的唯一办法就是提供无限量的补贴。在这种情况下，市场价格就会降到和补贴价一样，当然就不可能将实物转换为现金了。这样的话，较低的实际米价也会刺激消费。

成类似的交易。

公共供应 VS. 私人供应

至少在服务业方面，政府成功转变消费模式的一种方法是以补贴价（甚至是免费）直接提供服务。由公立学校提供免费教育，由公立医院、诊所和初级医疗中心提供低价的卫生保健服务，可以确保受益人享有这些政府认为人人都应拥有的基本保障。

这种办法当然可行，但却常常由于政府提供服务的极度无效率而陷入困境。正如我们看到的，在印度的教育和医疗领域，潜在受益者往往愿意转投私营机构，虽然这样要付更高的价格。

当然，这就引出了政府供应的问题。这方面最突出的例子要数印度的公共粮食分配体系，每年政府采购大量粮食，再以补贴价转卖给穷人。这样的公共供应效率极低，存在大量的浪费、猖獗的腐败，而且只能将补贴转移给非常有限的目标受益人。

有条件转移支付 VS. 无条件转移

另一种用现金转移支付来影响受益人支出模式的办法是，要求受益人提交消费了特定产品和服务的证据。这种方法和实物转移差不多，而且也会碰到与后者一样的滥用现象。如果政府执行较弱、腐败盛行，像现在的印度这样，可以不费力地用假发票来满足条件。和实物转移支付一样，只有在政府有能力执行法律的情况下，有条件转移支付才能改变受益人的支出模式。

普遍转移支付 VS. 定向转移

与第二类改革有关的最后一个选择是，转移支付是应该针对穷人和社会弱势群体，还是包括所有人。主张全面转移转移的人认为，只有这样才能保证穷人和社会弱势群体不受欺骗，能够获得福利。针对各种社会目标的人权团体也加入了这种观点。

但没有任何实证证据表明，普遍转移支付是保证有需要的人获得所需福利的必须或充分条件。在很长时间内，印度的粮食公共分配体系就是普遍的。但它无法令人满意地传递到穷人手上，后来才改为更定向的转移。我们无法证明为什么转为普遍体系就能更好地运作。更重要的是，如果我们的目标是带给穷人基本食物、卫生保健和教育，那么以当前的经济发展状况，现有税收收入是不足以向每个个体提供实质帮助的。我们要么向每个人提供微不足道的帮助，要么向人群中最低的30%到40%提供实质福利。那种认为很难确认需帮助穷人的说辞已经失效了。比如说，国家农村就业保障计划就已经确定了哪些是农村穷人。

我们所赞同的策略

社会政策的目标是得到普遍赞同的。所有分析人士都同意要让穷人和弱势群体更好地享受基本的食物、衣服、住房、教育和卫生保健。区别在于用什么方法实现这个目标。

我们所赞成的策略是混合的，对绝大多数需要实施无条件的现金转移支付；基础教育则采用教育券；对大病医疗实施保险制度，并由政府支付保险费。我们赞成定向而非普遍覆盖。最后，由私人和公共混合进行供给，受益人有权在两者间进行选择。让我们解释一下为什么要这样做。

在原则上，政府承担重要角色可以帮助我们完成目标。政府能够在公共工作项目中以规定工资提供就业机会，减少贫穷，并且将社会所需的商品，如食物、卫生保健、教育甚至住所，以免费或补贴价提供给受益人。它不仅承担了与就业计划，以及食物、教育和卫生保健相关的财政开支，而且还负责分发。

但是这个方法的成功需要政府能够有效率的运行公共项目，以及分发产品和服务。在下面章节的讨论中，我们会不断重复地发现，至少印度政府在分发方面的记录极差。在各个层面上猖獗的腐败使得任务更为艰巨。因此，我们要不断地用将政府角色最小化，或者至少有私人部门提供相同的产品进行竞争的办法。将这个话翻译过来，也就是对绝大多数需要采取现金转移支付；在基础教育方面采用教育券；以及进行大病保险，并由政府支付保险费。这种方法最大的好处是将权力交给了受益人，而非提供者。用现金、券和保险方式，受益人可以自由选择私人或公共提供者。政府供给则完全相反：提供者拥有完全的权力，能够支配受益人。

我们还支持定向而非普遍的福利。通过采用排除性（exclusion）标准而不是包含性（inclusion）标准来辨识受益人，我们可以防止定向转移支付将许多穷人和弱势群体排除在外的现象。也就是说，除非根据某种标准被排除在外，否则每个人体都能够享受福利。排除性标准可以包括拥有摩托车、踏板车、汽车、一定数量的土地或其他类似资产。由于所有这些交通工具在印度都须注册，而且税收记录也可以找到土地拥有者，因此这些都是可检验的标准。用这种方法自然会导致受益人数量远远超过根据合理的包含性标准所确定的数量，但可以确保包括了所有穷人和弱势群体。同时，实质性的排除标准可以阻止社会支出变得过于分散和稀薄。

最后，转移支付最好是无条件的，除了在基础教育和大病领域。我们支持在教育领域用代金券，在大病方面则用保险。由于印度政府在所有层面的行政能力都很有限，增加转移的条件只会导致腐败而不会产出好的结果。除了在基础教育和大病领域，影响消费篮子的想法应该通过其他工具来实现。比如说，想要提高公众营养水平，可以通过要求加强关键食品的供应、向公众告知营养食品的必要性及酒、烟草和香烟消费的危害。教育是一项社会目标，提供代金券是在赋予受益人权力和确保所提供的资源用在正途之间的最佳折中。要将代金券转移或卖到市场上是相对困难的，不太可能产生大规模腐败。类似的，保险是帮助得了大病的贫穷家庭最符合成本—效益的工具，而且也不可能被滥用。

第十四章 通过保障就业减少贫穷

在印度，直接减少贫穷的首要工具是为农村地区的穷人提供就业机会。虽然中央和地方政府在过去数十年已经资助了各种这类计划，不过在 2005 年的《全国农村就业保障法案》（NREGA）之下[①]，中央政府资助了旨在令过去的所有计划都失色的方案。这个方案是在全国所有地方都设定农村家庭的最低购买力。因此，我们必须检验其设计和功能的弱点，并提出能使方案以最低成本实现最大效益的建议。

NREGA 是通过三个不同的阶段实施的。第一阶段开始于 2006 年 2 月 2 日，在全国最穷的 200 个县实施。第二阶段，是从 2007 年 4 月 1 日起再增加 130 个县。第三阶段则是从 2008 年 4 月 1 日起在剩

---

① NREGA 最近被重新命名为圣雄甘地国家农村就业保障法计划。但我们仍然用原来的缩写词来称呼它。

余的 374 个县实施。因此，这个计划在全国的实施跨越了 4 个财政年度，结束于 2012 年 3 月 31 日。

NREGA 的大致构想是很容易说明的。这个计划保证每个农村家庭（不管是否贫穷）有一个成员，以不低于中央政府所规定的工资水平，可以从事 100 天不需要技能的手工工作。工资一开始的规定是每天 60 卢比，从 2009 年 1 月起改为每天 100 卢比。从 2011 年 1 月 1 日起，工资与消费者价格指数挂钩。[①]

如果申请者在 15 天之内还没有得到工作，邦政府将在头 30 天内给予他相当于四分之一应得工资的补偿，剩余的时间则补偿相当于一半的工资水平。邦政府被要求负担这些赔偿。法案要求至少三分之一登记和要求工作的人为妇女。

作为计划的一部分，劳动力主要从事公共工作和其他法律指定的活动，如水利和集水工作、防旱工作（包括造林和植树）、灌溉渠、土地开发、防洪以及乡村连接。包括了熟练工和半熟练工的项目的材料成本上限为 40%。中央政府只负责材料成本的 75%，邦政府资助剩余的 25%。法律详细规定了在中央、邦、县、乡、村各个层面建立实施机构。

在发达国家，与 NREGA 最接近的计划是美国罗斯福总统期间由公共事业振兴署（在 1939 年重命名为 Works Projects Administration 或 WPA）所监督的大规模就业计划。WPA 雇用了数以百万的非熟练工执行公共工程，包括修建道路和公共建筑。WPA 在 1935 年的初次拨款为 49 亿美元，相当于当年 GDP 的 6.7%。

表 14.1 根据官方报告，列出了 NREGA 关键的财务和实物指标。在一开始，2006—2007 年度的总支出为 882 亿卢比（19 亿美元），2010—2011 年度的总支出为 3938 亿卢比（86 亿美元）。这其中，差不多有三分之二花在了工资上，

---

① 因此，从 2011 年 1 月 1 日起，规定工资在梅加拉亚邦涨了 17%，在哈里亚纳邦涨了 79%。

剩下的则付了材料成本。①在这个时期中，受益的家庭数量从 2100 万增加到了 5500 万。在顶峰的 2009—2010 年度之后，2010—2011 年度的总工作量和人均工作量轻微下降为 25.7 亿工作日和 46.7 工作日。显然每个家庭平均所享有的就业工作日远低于计划所提供的 100 天。

表14.1　根据官方报告所得的NREGA主要成就

项目	2006—2007	2007—2008	2008—2009	2009—2010	2010—2011
财务					
总支出（10亿卢比）	88.2	158.6	272.5	379.1	393.8
工资支出（10亿卢比）	58.4	107.4	182.0	255.8	256.9
工资占总支出的比例	66.2	67.7	66.8	67.5	65.2
实物					
接受就业的家庭（百万）	21.0	33.9	45.5	52.5	55.0
总工作日（10亿）	0.91	1.44	2.16	2.84	2.57
表列种姓和部落的比例	61.0	57.0	53.7	51.2	51.5
妇女的工作比例	41.0	43.0	47.9	48.1	47.7
每个家庭的平均工作日	43.3	42.5	47.5	54.1	46.7

来源：2006—2007 年度和 2007—2008 年度，见 www.nrega.net/csd/Forest/field-initiatives/Sustainable%20development.pdf（2011 年 11 月 18 日访问）。最后 3 年，见"DMU Report"，http://nrega.nic.in/netnrega/home.aspx（2011 年 11 月 18 日访问）

　　光是付工资，NREGA 在 2010—2011 年度就为所涉家庭支付了平均每家 4671 卢比。但这个平均数隐藏了表 14.1 所列出的一个关键因素：表列种姓和表列部落在这个计划中占的比例极高。根据 2001 年的统计，表列种姓和表列部落占印度人口的 24.4%，可他们在 2010—2011 年度的工作比例却占了 51.5%（见表 14.1）。如果我们假定受益者群体中种姓的家庭分布比例与总人口是一致的，那么表列种姓和表列部落家庭在 2010—2011 年度所获得

---

① 美元的转换是根据 RBI 2011 年印度经济统计手册所提供的财政年度平均美元—卢比汇率。

的收入便是平均收入的 2.2 倍，或 10275 卢比。当然，表列种姓和表列部落的家庭数占受益家庭数的比例肯定要高于总人口中的比例，因此这个数字会低一些。但不管如何，数据表明大量收入走向了表列种姓和表列部落家庭，而它们的贫穷率也要更高。

计划的诱惑和现金转移支付的优势

极少有批评者会考虑到这个计划是如此的反生产力，从而主张废除它，哪怕没有替代计划。事实上，绝大多数人都认为 NERGA 项目在向穷人转移购买力方面做得比绝大多数再分配计划好，包括食物、肥料、水、电力补贴，还有教育和医疗支出。虽然人们认识到 NREGA 在从中央将钱流向最终受益人的各个中间环节都存在严重的流失问题，而且产生了大规模的财政赤字和通货膨胀，以及由于扭曲了劳动力市场而对经济活动产生了负面冲击，但 NREGA 仍被视为产生了积极作用，因为它将大量款项送到了贫穷家庭手中，至少表 14.1 中的官方统计报告是这么说的。

但如果我们将 NREGA 跟把钱直接转移给贫穷家庭的替代政策相比较的话，情况就不是这样了。相比起 NREGA 来，后一种转移计划有众多优势，却几乎没有缺点。

第一，这种转移可以杜绝流失问题。NREGA 的流失情况有多严重并不为人所知，但就连计划的支持者也不否认数量很大。Sharma（2009）的一项研究（由国家应用经济研究委员会和公共利益基金会共同资助）表明，在贾坎德邦、奥里萨邦和北方邦的流失达到了"规定工资的三分之一到一半"，而且由于窃取办法是在登记表上添加假名字，所产生的就业情况也被高估了。Sharma（2009）写道，"这三个邦都有所谓的"百分比"体系，上至乡一级的各个层次员工都按固定百分比收受贿赂，有是级别还更高一些。"（p. 128，脚注 7）对奥里萨邦，Sharma 提供了更为精确的估计。他指出，"研究估计，在计划头两年中，只有 58% 的工资付给了花名册中的工人，在 KBK 地区（卡拉汉达、巴拉基尔、科拉普特）这个比例只有 26%"（p. 128，脚注 8）。

现金转移支付可以基本消除这个问题。技术的进步令在新德里的办公室只要按几次键盘，就可以直接将钱汇到远方村庄的受益人银行账户中。拉贾斯坦邦和卡拉塔克邦已经尝试将现金转移支付给寡妇和老人，效果非常好。在关于这些尝试的研究报告"小但是有效：印度的定向无条件现金转移支付"中，Dutta，Howes 和 Murgai（2010）指出：

> 印度的社会保障制度强调提供补贴食物和公共工作。定向、无条件的现金转移很少用到，而且也极少被评估。基于全国家庭样本数据和对卡纳塔克与拉贾斯坦两邦的社会抚恤金利用情况的调查，我们评估了针对寡妇和老人的现金转移支付，结果表明这些社会抚恤计划运作的非常好。流失水平很低，绝大部分资金流向了贫穷家庭。而且有强烈的证据表明，资金到达了那些脆弱的个体手上。与公共分配体系的比较表明，社会抚恤计划的流失水平相对较低。

作者们谨慎地指出，该项研究由于规模较小，其结论并非是决定性的。然而，它大大加强了采用现金支付的说服力，反驳了批评者下意识所认为的这种办法并不可行，或者它和现有的计划一样会产生腐败。中央政府一再回避展开适当的试点，现在应当评估大规模进行现金转移支付的可行性。

第二，就算现金支付会产生与 NREGA 一样的腐败问题（虽然这基本不可能），它仍然可以将更多的购买力转移到穷人手上。这是因为 NREGA 付给受益人的工资要高过一般市场工资，但它仍然需要劳动作为回报。通过现金转移支付，受益人可以获得同样数量的公共资金，还可以在市场上赚更多的工资。此外，NREGA 的支出有 35% 花在材料上，而在现金转移支付之下，这些钱也可分配给穷人。

同时，现金转移不需要承受 NREGA 所面对的逆向特征（regressive feature）问题。NREGA 所提供的劳动力主要用在：

> 水利设施、园艺栽培，以及土地开发设施，所适用的土地主要属于

表列种姓和表列部落或低于贫困线的家庭，或土地改革受益人，或英迪拉政府时期的 Indira Awas Yojana 计划的受益人，或根据 2008 年农业债务豁免和减免计划所定义的小农和边际农（marginal farmer）。[①]

显然，绝大多数在该计划中提供劳动力的工人要比这些劳动成果的受益者还要穷。相反，接受现金转移支付的工人仍然可以按市场工资出售劳动。

现金转移支付还可以避免 NREGA 在劳动力市场上所引发的严重扭曲。有三种扭曲现象值得强调指出。第一种是将部分劳动力从私人部门转移到了公共工程项目上，劳动的真实价值变得很可疑了。因为 NREGA 只资助符合公共利益的规定活动，所以当地机构很愿意把自己的项目放到清单中，尽管这些项目的社会回报率较低，甚至是微不足道的。通常来说是社会回报驱动着资金投资某个项目。但 NREGA 颠倒了这个过程：是资金的可用性推动着这些项目。

所以不奇怪的是，研究发现当前计划所开展的项目有社会价值为零甚至为负的。关于创造出的资产质量，Sharma（2009）这样说：

> 要讨论所创造的资产质量很困难，因为几乎没有这方面的信息，但这儿提供的一些例子也可以说明这些资产的质量问题。在干旱少雨、土壤多沙同时没有保水能力的地区挖池塘（哈里亚纳）。另一些池塘则变成了游泳池，因为在材料和建筑上花费巨大。（p. 125）

接着他又说，"在没有考虑很多概念因素的情况下，如下游区、补给源、技术制裁，以及对细节的估计准备等，就把大量的钱花到了挖池塘上。卡纳塔克所创造出的资产没有遵守规范和数量要求，也没有受到技术制裁"。他又指出在奥里萨邦、特里普拉邦、西孟加拉邦和其他邦的道路项目上也存在类似问题。

---

① 见印度政府（2009b）。

NREGA 也由于提高市场工资而在农业中产生了混乱选择的风险。就像在正规经济中较高的有效工资会导致企业偏好于资本密集型产品和技术，NREGA 提高了农业工资，也会过早地引入资本密集型农业产品和技术。虽然当前关于这方面的实证证据还相当有限，但更多系统化的确实证据出现也不过是个时间问题。

第三，还有另一个 NREGA 不利于经济发展长期发展的因素。公共工程的原始目标是创造就业，所增加的资产在很大程度上只是附带，因此工人的工作态度是随意的。[①]这就对工作文化造成了负面影响。最后，就算私人部门除了跟公共工程一样的工资，工人也可能越来越不努力。[②]

类似的，由于公共工程禁止使用任何机械，拯救了铁铲这样的简单工具，而且它只提供手工和不需技能的劳动，使得工人根本没有创造技术的空间。更不利的影响是，它抑制了迁徙。由于 NREGA 的公共工程局限于农村地区，这就要求工人也来自农村，减缓了本来就很慢的增加收入的迁徙过程。而接受现金转移支付的家庭，其成员也可以迁居出去找工作，不必受这种诱惑。

---

① 有人或许会认为，设定计件工资可以解决这个问题。但这是不太可能的，因为计件工资必须非常高，才能让工人拿到法律所规定的最低每日工资。而且，计件工资制在公共工程项目中可能会执行的很松散，尤其是因为这类项目的最初目标是创造就业。

② Panagariya 已经在与拉贾斯坦邦皮尔瓦拉县的商人进行的非正式谈话找到了这样的例子，商人们告诉他，工人不愿以与 NREGA 相同的工资水平工作，认为后者只需要有限的努力，而在私人部门工作却要花很多精力。

第十五章　成人营养和食物安全

本用于确保营养安全的政策也产生了严重的问题。这个问题所涉及的不仅是穷人，而是包括了各类人群。尤其是在考虑成人营养时，许多公民团体想通过食物权利法案扩张公共分配体系，以确保全国范围的公民都能以高度补贴的价格吃到足够的粮食。

卡路里消费 VS. 饥饿

对成人营养的担心首先源自人均卡路里消费的稳定下滑（不过蛋白质摄取量的下滑也是一个因素）。在 1996 年，国家样本调查组织发表的一份营养报告较早地记录了这种趋势。[1]后来的类似研究则

---

[1]　见国家样本调查组织（1996）。

提供了更多的数据。[①]长期趋势是农村和城市地区的卡路里消费都在下滑，不过农村地区的情况更为稳定。农村和城市地区的蛋白质摄取也呈现同样的模式，但脂肪摄取量则稳定上升。图 15.1 和 15.2 表现了这些变化状况。

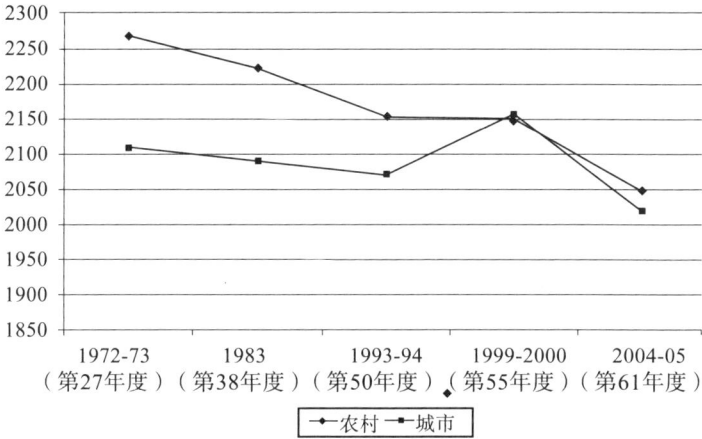

图15.1　每人每日的平均卡路里摄取

来源：Drawn using the data in NSSO（2007a, p.v）

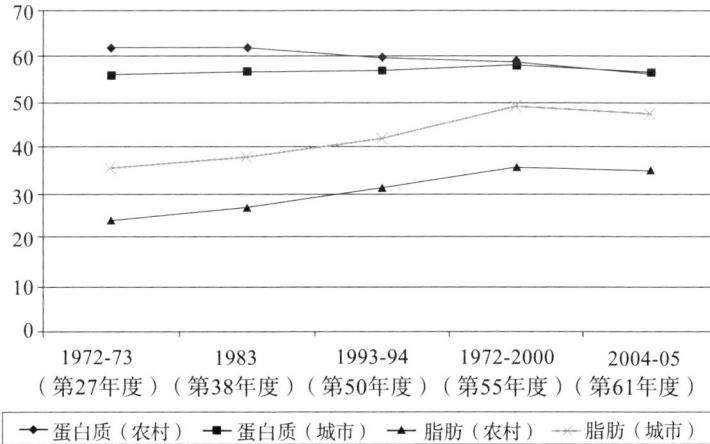

图15.2　每人每日的平均蛋白质和脂肪摄取量

来源：Drawn using the data in NSSO（2007a, p.v）

---

① 见国家样本调查组织（2001a, 2007a）

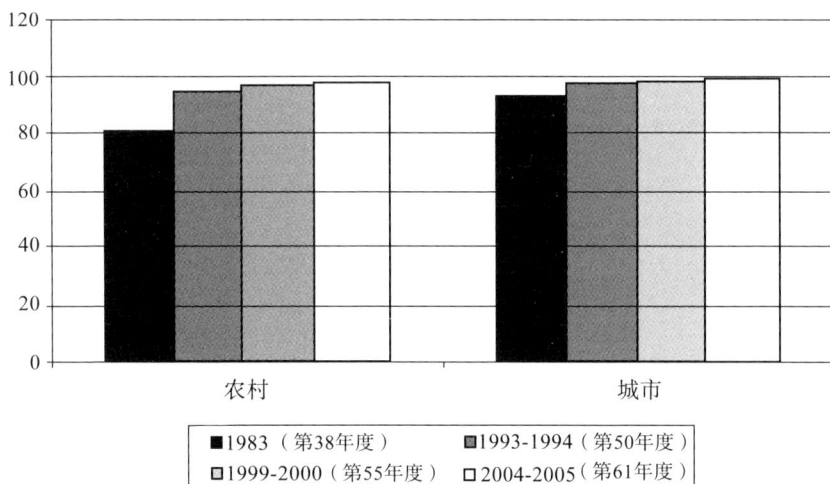

图15.3　说自己每天有足够食物吃的比例

来源：NSSO（2001b and 2007b）

说自己每天有足够食物吃的人口比例不断提高，与卡路里消费量的下降并不矛盾，只要我们能认识到为什么卡路里的消费需求会减少。比如说，农业的机械化程度提高、交通工具的改进，以及传统体力工作的削减，都会减少对体力活动的需要。同样的，流行病环境的改善（儿童和成人的健康状态变好，更方便地获得安全的饮用水）可以更好地吸收食物，也可能会降低对卡路里消费的需求。因此，卡路里消费的减少并不一定意味着营养不良情况变糟了。

事实上，把卡路里消费的下降解释为营养不良情况变糟了，这也与成人的身高和体重趋势矛盾。根据国家营养监测局的调查，低于正常身体质量指数（BMI）的男性比例从1975—1979年度的56%降到了2004—2005年度的33%，女性比例则从1975—1979年度的52%降到了2004—2005年度的36%（Deaton 和 Drèze，2009，表10）。Deaton 和 Drèze（2009）还分析了第二轮和第三轮全国家庭健康调查所收集的男性和女性不同群体的高度差异，并总结说晚出生的成年男性和女性长得较高。他们计算认为，每隔10年男性身高会增加0.56厘米，女性则增加0.18厘米。虽然印度在国际比较中表现一直很差，但所有趋势都表明成人营养是在改善而非恶化。

我们要指出，Deaton 和 Drèze（2009，p.45）赞成卡路里消费的减少意味着贫穷增加的论证令人迷惑。[①]虽然卡路里消费和蛋白质摄取的下降趋势可能是担忧的来源，但贫穷并不是根据事后的卡路里消费来衡量的。我们必须代之以估算个体事前能消费多少卡路里。政策选择在很大程度上依赖于我们采用什么样的衡量方式。

如果我们用事后的卡路里消费来衡量，那可能会向正在用低卡路里食物减肥的宝莱坞明星提供免费食品！但如果按我们的看法，用个体事前能消费的卡路里量来衡量，这就是明显的政策错误了。如果卡路里消费的下降是因为供应能力的不足，解决方案当然是要通过增长和再分配提高购买力。如果我们有足够的购买力，消费量下降是因为信息不良而做出的错误决策，就应该提供更准确的信息，用有说服力的广告"推动"人民更健康的饮食，并通过法律，要求主食必须有必要的营养。

遗憾的是，印度的活动分子和有影响力的国际组织（如世界卫生组织、联合国粮农组织以及世界银行）所积极推动的主流观点是，卡路里消费的减少意味着贫穷的加剧，以及饥饿的增加。事实是印度越来越多的人都能够购买更多的食物，卡路里消费的减少发生在所有个体当中，不管是穷人还是富人，也不管是在农村还是城市（Deaton 和 Drèze，2009，pp. 45—47 以及图 1 和 2），这说明有购买力以外的原因发生了变化，如各种因素综合导致了卡路里消费需求的减少。但人们显然合宜地忽略了这个不合时宜的真相。

[①] 引用作者的话（Deaton 和 Drèze，2009）："一些作者，包括 Palmer-Jones 和 Sen（2001）及 Ray 和 Lancaster（2005）已经指出，我们可以将卡路里摄取量与固定的贫困标准相联系，并计算农村人均卡路里消费量低于 2400，或城市人口卡路里消费低于 2100 的。这样的计算可见表 5。人均卡路里消费随着时间向左移，这表明贫困率也在上升，从 1983 年农村人口的三分之二长到了 2004—2005 年的五分之四，印度整体也从 65% 提高到了 75%。"（p. 45）

食物权法案的诱惑

如果营养不良不是由于贫穷和饥饿，而是因为不健康的消费，这也意味着当前所依赖的食物权法案，以及进一步扩大公共食物分配体系的做法，是误导性的。

这样的法案刚刚在内阁通过，并很快会提交国会。法案要求通过公共分配体系将补贴粮食提供给 75% 的农村人口和 50% 的城市人口。详细的标准排除了 25% 的农村人口和 50% 的城市人口接受补贴食物。至少 46% 的农村家庭和 28% 的城市家庭必须成为优先（也就是贫穷）家庭。剩余的没有被标准剔除的家庭则被设计为"一般"家庭。在法案中，政府每月要向每个优先家庭分别以 1 卢比、2 卢比和 3 卢比的价格提供 7 公斤小米、小麦或大米。对一个 5 口之家，提供的补贴粮食量就有 35 公斤。法案同时还要求每月向一般家庭以不超过相应供给价 50% 的价格，最少提供每人 3 公斤的小米、小麦或大米。

正如我们所说的，许多已经消费了足够粮食的受益人仍然营养不良，这反映出的是缺少饮食平衡，因此这样的目标是很成问题的。但就算我们同意增加粮食消费是一个好目标，现在这个计划也不可能实现。由于私人市场上的粮食价格远高于法案之下的补贴价，受益人可以将在公共分配体系中用补贴价买来的粮食转售到私人市场。[1]因此，要是受益人不觉得有需要的话，无法保证这个计划可以增加食物消费。事实上，非优先的受益人（按法案的定义便是一般家庭）只从公共分配体系中接受部分供给，可能会减少他们在私人市场上的购买。在现有的大量公共分配体系提供了补贴小麦和大米的地方，卡路里消费仍然不断下降，佐证了这个观点。

事实上，法案所提出的补贴结构根本不可能实施。[2]在发现每公斤绝对补

---

[1] 在原则上，有一个条件限制。Bhagwati 和 Balbir Sihag（1980）的早期研究表明，公共分配系统中以较低价格销售的配给额越低，这些价格与较高的市场价格之间的差别就越小。原因是，排队获得配给是有机会成本的。但当前市场价与提议法案的补贴价之间的差别太大了，最穷家庭的机会成本不会抵消这一点。

[2] 更多细节见 Panagariya（2011f）。

贴数量最多的是大米之后，相关家庭自然会从公共分配体系中购买最大数量的大米，而非其他粮食。把这些大米重新卖到私人市场上，他们可以赚到最多的现金，然后可以把钱花到任何想花的地方。当然，如果所有符合资格的家庭都购买了最大配额数的大米，政府分配体系是无法提供这么多数量的。法案在推动卡路里消费的目标和所选择的工具之间出现了明显的错置。

当我们再考虑到公共分配体系的高运送成本时，食物权法案就更没有吸引力了。公共分配体系的浪费、流失和偷窃在在皆是。整个系统缺乏足够的仓库，大量粮食只能露天储存。不少因存储时间过长而腐烂，害虫与老鼠也分食了不少。最后，从中央采购后逐渐分配到邦、县、村，以至最后实际受益人手上，存在大量的流失问题。

Jha 和 Ramaswami（2011）的最近研究估计在 2004—2005 年度，70%的穷人没有通过公共分配体系获得过食物（排除性差错），70% 获得食物的人并不穷（包容性差错）。他们估计多达 55% 通过公共分配体系供应的食物都随着分配链而流失，只有 45% 通过平价商店到了受益人手上。食物补贴到穷人手里的比例只有可怜的 10.5%。

食物权法案的许多支持者将确保包括所有穷人在内作为全面覆盖或接近全面覆盖的关键理由（Drèze 和 Khera，2010; Himanshu 和 Sen，2011）。他们的论证基础是当前的定向而非全面公共分配体系将大量穷人排除在外。但即使以这样的理由来为进一步扩张破损不堪的系统辩护也是站不住脚的。Svedberg（2012）对这点作了精彩的分析，引述如下：

> 那些支持以全民覆盖的办法来消灭或显著地减少排除差错的论证并没有说服力。在 1997 年之前，PDS（公共分配体系）在原则上就是全民覆盖的，但仍有大量穷人家庭要么被排除在外，要么只买到非常少量的补贴粮食。基于 1993—1994 年度的国家样本调查数据，Dutta 和 Ramaswami（2001）发现在马哈拉施特拉邦和安德拉邦，最穷的五分之一家庭只分别购买了公共分配体系粮食的 10% 和 20%。其他关于 1997 年之前公共分配体系的研究也表明它在针对贫穷家庭方面表现不

佳（Jha，1992; Ahluwalia，1993; Howes 和 Jha，1992，1994; Dev 和 d Suryanarayana，1991; Parikh，1994）。

有人或许会指出，全面覆盖可以减少排除性差错，证据是最近关于泰米尔纳德邦的估计，该邦是 1997 年之后唯一还实施普遍公共分配体系的。在 2004—2005 年度，泰米尔纳德邦人均支出最低的十分之三家庭中有 80% 消费了公共分配体系的大米，但没有消费小麦。这个比例是全印度平均数据的两倍以上（National Sample Survey Organization，2007c），可这仍然表明贫穷家庭被排除在外。购买补贴粮食的权利显然并不足以消灭排除性问题；系统必须是为人所共知、有吸引力，以及容易进入的，要确保这点可不容易。

因此，可以预期食物权法案既不会增加粮食消费，也不会比当前系统更好地针对穷人。它可能会将某些购买力转移支付给一些穷人，但却要付出巨大的成本。另一个事实是，对大部分人来说，卡路里消费甚至不是营养不良的主要原因。主要的问题更可能是缺乏营养平衡：比如说，营养不良的家庭应该食用更多的牛奶和水果，而不是像食物权法案所关注的那样消费大量粮食。

更好的办法

用现金转移支付来取代公共分配体系，可以实现更高的效率。反对观点错误地认为，这样的转移支付可能会让受益人把钱花在其他地方而不是粮食上。正如前面所指出的，实物转移也会出现同样的情况，只要他们将食物卖到公开市场上就行。现金转移支付的优势是可以将分配链所产生的流失现象最小化，并且消除公共分配系统的巨大浪费。

只要将购买力转移支付与正确的消费篮子问题分隔开来，就可以把政策集中在确保消费者做出正确的选择上。这需要采取两类措施。第一类是采取一些方法告知并"推动"公众食用更健康的食物。第二类措施（可能效果更好）则是要求批发和零售商增加销售拥有必需营养的各种食物。印度的食物安全与标准局在实施这类措施上可以扮演重要角色。

　　当然，就算需求转向了牛奶制品、水果、蔬菜、鱼和肉，政策也必须确保能够不断提高这些产品的供应。在这方面，第一类改革和第二类改革能够结合在一起。供应能够提高营养的好产品既需要国内生产，也需要进口。可奇怪的是，在讨论食物安全时，主要关注的是加强多种食物的供给能力，却很少提到进口。[①]这种疏忽常常导致印度没有充分发掘进口的好处。比如说，从 2008—2009 年度到 2010—2011 年度间，"食物通货膨胀"的主要部分是牛奶。显然，通过削减关税放松对奶粉的进口非常有助于减少这方面的短缺。但政府并没有好好利用这个渠道。

　　国内生产方面，几乎在所有农产品中，都非常需要提高农场的生产力以及供应链的水平。印度几乎所有农作物的平均产量都低于绝大部分可比较国家。而且，在将水果和蔬菜从农场运送到最终消费品的过程中，大量都腐烂而不能食用。农业经济学家 Ashok Gulati 提醒我们，在原先进行绿色革命的旁遮普邦、哈里亚纳邦和北方邦西部，地下水位以几乎每年一英尺的速度下降。[②]因此，提高产量的努力不得不移到这个国家的东部，那里的水量供应非常充足。Gulati 引用中国成功的杂交水稻经验，指出在 2900 万公顷的土地上生产了差不多 2 亿吨水稻，相比之下印度在 4400 万公顷土地上才生产了 1.5 亿吨水稻。

　　提高生产力的一个关键因素是改革出售和出租农地的法律。多年以来，土地持有量的规模都在萎缩，今天超过 80% 自耕农的土地少于 2 公顷，超过 60% 的土地少于 1 公顷。只有 6.5% 的土地持有量达到 4 公顷或更大。放宽出售和出租土地可以帮助巩固土地持有。灵活的出租法可以允许拥有者和耕种者谈判并签署正式协议，这会让耕种者更放心，有激励在土地上作能够提高生产力的投资。

　　改善供应链也要求发展订单农业、基础设施和组织零售业。订单农业可

①　举例来说，顶尖的农业经济学家 Ashok Gulati 在华尔街日报的博客上发了一篇文章（http://blogs.wsj.com/indiarealtime/2011/03/17/india-journal-how-ho-achieve-food-security），详细讨论了如何通过启动第二次绿色革命来提高食物安全，却根本没有提到进口在加强食物供给上所能扮演的重要角色。

②　见博客，http://blogs.wsj.com/indiarealtime/2011/03/17/india-journal-how-to-achieve-food-security（2011 年 12 月 5 日访问）。

以在农民和加工者之间建立直接联系，切断所有的中间环节，并将浪费最小化。它也可以保证给农民一个好价格。基础设施发展包括了以合理价提供不中断的电力，以及道理和铁路运输。前者用来发展冷藏业，后者则可以帮助将产品从生产者手上快速地送到消费者手中。组织零售业则能够发展有效率的供应链。

最后，今天要提高农业生产力还依赖于一场新的绿色革命。旧的绿色革命是在诺曼·波洛格博士领导下投资新型种子，并在斯瓦米纳坦博士的科学领导下传播到整个印度。今天，则需要采纳并吸收转基因和 BT 种子及农作物，如棉花和茄子。一些非政府组织把它们称为"弗兰肯斯坦食品"，但科学证据并不支持这种恐惧。环境部长对这个问题作了不适当的处理，在没有相关科学家在场的情况下与非政府组织公开会谈，并放弃了转基因和 BT 种子。印度无法承受以这种方式放弃第二次绿色革命的机会。不然的话，当粮食和作物生产从充足变为稀缺时，死神就会取代弗兰肯斯坦出现了。

第十六章　改革卫生保健

我们在本书第二部分认为，与一般的看法相反，印度与其他收入水平类似的国家相比，在预期寿命、婴儿死亡率和产妇死亡率方面取得了一定的进步。对印度在这方面不成功的印象通常来自于印度的低起点。但只要关注改善方面，就会发现印度取得了稳定的进步。当健康指标如一些与婴儿营养相关的呈现出低于平均的进展时，它们的科学基础反而动摇了。

当然，印度仍然是一个穷国，还没有打赢这场健康战争。在健康的各方面，仍然有大范围的进步空间。改革必须在 5 个关键领域展开：公共卫生保健、常规卫生保健、关于住院治疗或门诊手术的照料、人力资源，以及对医疗体系的监督。

预防性的公共卫生保健

公共卫生保健服务是一类典型的公共产品，它可以分为两类：全民范围的环境服务，用以减少疾病的传播，以及临床服务，如疾病筛查和接种疫苗，防止疾病从一个人传播到另一个人。[①]由于公共卫生保健服务的受益者是所有人群，而且一旦提供，服务能在不需额外成本的情况下用于所有人，因此市场通常无法进行充分的供给。

举例来说，对一片湿地进行消毒，以防止像疟疾和登革热这样的传染病，其成本比起周边所住家庭的所得利益来说是微不足道的，可没有一个家庭愿意承担这样的成本。这是因为每个家庭都希望其他家庭来行动，自己好"搭便车"。如果群体数量较小，其成员可以通过聚在一起做点贡献以解决这个"集体行动"问题，但通常并不是这样。

要是一项行动对个体的利益较大，但仍比不上对社会的整体利益，如接种疫苗，那就需要进行干预。因为对一个人接种疫苗会降低其他人得同一种病的概率，所以人们接种疫苗的意愿通常比不上社会整体意愿。一个学龄期的儿童如果没有接种肺结核疫苗，可能会得上这种病。但疫苗也可能产生相应反应，许多学生（包括他们的父母）并不愿意接种，这样就增加其他学生得病的概率。

不过，印度的中央、邦和地方政府在提供公共卫生保健服务方面做得都很差。排水系统、提供饮用水，以及公共场合的一般卫生标准仍然非常差。一场季雨就会导致传染病的迅速传播。政府也实施了一些针对特定传染病的有效运动，如天花、小儿麻痹症、麦地那龙线虫病等，但在提供日常公共卫生服务方面的记录实在让人失望。

---

① 经济学家们区分了私人和公共产品。公共产品有两个性质，消费的非竞争性，以及非排他性。非竞争性意味着一个人消费了产品，不会减少对其他人的供应量。非排他性则意味着，只要产品生产出来，就不能排除其他人消费，甚至那些没有付钱的人也可消费。国防是最常见的公共品例子。它可适用于所有公民，而且一旦提供了，所有公民都可享受这种好处。私人产品则是竞争与排他的。如果一个人喝了一瓶可口可乐，其他人就不能喝了（竞争性）。而且一旦个人买了一瓶，他也可以阻止其他人喝（排他性）。通常，市场会供应足够的私人产品，但公共产品的供应就不足。在后面的情况中，政府干预是必要的。

在某种程度上，公共卫生服务的供应不足可能反映了总体上公共卫生支出偏少。但问题由于政治—经济的因素而被进一步放大了，政府更偏向于将支出花在医疗服务而不是公共卫生保健上。

DasGupta 等（2009）仔细地分析了这个问题，并指出斯里兰卡只花了GDP 的 0.2% 便能够把公共卫生服务提供到一个令人满意的水平。他们把印度糟糕的公共卫生服务归咎为独立之后的组织变化。按照 1946 年 Bhore 委员会报告的建议，中央政府和所有邦（除了泰米尔纳德邦）都将医疗和公共卫生服务混合成一个部门。后来，根据 1967 年的 Jungalwalla 委员会报告，泰米尔纳德邦也将医疗和公共卫生部合并成一个部门。合并所产生的效应便是忽视了公共卫生保健服务，而偏向于医疗服务，后者有组织良好的医生游说组织来帮心，他们在公众当中有更高的威望，也有更大的影响力。

根据 DasGupta 等（2009）的看法，泰米尔纳德邦由于将公共卫生服务保留为一个单独机构，所以在提高健康程度上比其他邦更为成功。但这方面的证据是混杂的。泰米尔纳德邦确实在接种疫苗方面超过其他地区。但如果用其他指标来衡量的话，该邦虽然通常也列于 15 个大邦中的前 5 名，但优势没有那么明显。不过 DasGupta 等（2009）的观点确有一定道理。在原则上，建立一个独立机构，用独立的预算提供公共卫生服务，应当可以帮助改善这些服务。

还需要实施另两个公共卫生保健措施。第一，各个层级的政府都需要日复一日地向公众告知健康的周边环境所能带来的好处。[①]当人们在一个不卫生的环境中生活几年之后，他们就会习惯于这种不卫生的环境，甚至不会注意到它们。向大家展示更清洁的环境是可能的，而且也使生活更健康和更美好，可能有助于个人培养良好的公共行为。

第二，根据 2006 年《食物安全与标准法》所建立的印度食物安全与标

---

① 印度是否也需要一场强调个人卫生的运动，是值得讨论的。正如经济学家 Padma Desai 所写的，印度中产阶级，热衷于个人卫生并且有一个干净的家，通常会把家里的垃圾收起来，然后倒到外面的大街上。不过，许多家庭也可以采纳其他健康相关的建议，如传统厨灶对健康的影响，以及穿人造丝和尼龙所制成的莎丽做饭，由于靠近火源而有危险。

准局（FSSAI），应当发挥更大的作用。该局制定以科学为基础的食品标准，并监管它们的制造、储存、分配、销售和进口。但这些标准的实施要求整合食物供应链。当前的食品供应有无数的未知来源，并通过许多零售机构传播到全国各地。任何行政机构都无法监管这么多分布于全国的小机构。必须通过加工和批发进行整合，这就要求出现有品牌的大机构，即使零售部门仍然维持其小店铺为主的特色。从这个角度看，近来开放外国零售机构如沃尔玛和乐购进入综合零售业之举，是正确的方向。作为加工食品的大买家，这些零售商可以整合食物加工，并引入和推广符合 FSSAI 标准的名牌产品。

常规卫生保健

让我们再转到卫生保健领域，这可以分为两个部分：常规卫生保健和大病医疗。前者主要是一些小病，如着凉、咳嗽、发烧和轻伤。这些小病几乎所有人都会得，通常一年几次，治疗费用并不高。而大病则通常要求长期居家治疗、门诊手术，以及住院治疗，其出现频率不可预料，治疗费用极高。[①]

如不考虑贫穷问题，免费提供或补贴常规卫生保健的理由是非常弱的。常规卫生保健直接针对的是病人本身，对其他人并没有重大的正面或负面影响。因此，前面讨论的接种疫苗或对湿地消毒等事宜的理由，并不能适用于在这里进行政府干预。

另一种主张由政府提供卫生保健的理由是信息不对称。这些分析人士认为病人没有能力评估服务的质量和价格，所以私人提供者会让病人为没什么价值的服务支付高价。政府提供则可以克服这个问题。

但在论证常规卫生保健时，这个观点往好了说也是有局限的，因为通过与服务提供者的重复互动以及与其他病人的对话，病人是可以观察和评估服务的质量与定价的。而且，就算我们同意信息不对称是一个严重的问题，但

---

① 国家样本调查组织在调查中区分了非住院和住院治疗。它大致就是我们在本章中所称的常规卫生保健和大病，但并不完全相同。尤其是，调查也包括了长期在家治疗和"未住院"的门诊手术，这当然应该归入大病之内。

也无法证明印度政府有能力以合理价格提供高品质的常规卫生服务。根据国家样本调查组织（2006，p. H-2）在 2004 年 1—6 月的调查——目前最新的调查结果——印度 81% 的城市和 78% 的农村病人更愿意去找私人医疗机构，而不是农村地区的政府次中心和初级卫生保健中心，或者城市地区的政府诊所药房和医院。

Das 和 Hammer（2007）在他们的重要研究中提供了更直接的证据质疑公共部门提供高水平服务的能力。他们表明虽然公共部门拥有非常好的医生，并付了相对高的薪水，但并没有转换成高品质的服务。这些医生比之私人部门的医生有更高的水平，但这个优势却由于没把全部努力用于治疗病患而被抵消。政府或许有能力用公共的钱请到更好的医生，但却没有提供更好的服务。

主张政府干预的另一个理由是，更好的卫生服务可以提高个体的工作能力，并可以帮助培养更健康的劳动力。不过，生产力提高应当会产生私人利益，让他们得到更高的工资。因此，这种论证并不是有说服力的支持政府干预的理由。

在根本上，政府干预常规医疗服务的主要可信理由是贫穷问题。印度相当一部分最低收入人群太穷了，无力承担哪怕是最低社会可接受水平的医疗服务。在财政允许的程度上，现代福利国家必须努力向那些无力负担的国民提供最低水平的医疗服务。这种观点反映在 2005 年发表的国家农村健康任务中，就是提供"广泛的初级医疗服务"。

关键的政策问题是，这样的医疗门诊服务是由政府来提供，还是通过其他手段。我们在本书第一部分指出，根据健康调查和计划委员会（Mudaliar Committee，1961）的建议，印度早在 20 世纪 60 年代就建立初级卫生保健基础设施。但经过 50 年的努力基础建设，仍没有能在印度提供有效的卫生保健服务。如我们前面所指出的，大约五分之一的农村病人在公共医疗机构看常规门诊。剩下的五分之四农村病人看的是乡村游医，大部分都没有品质保障。

考虑到政府经过半个世纪的努力都不能提供良好的服务，我们必须有另外的选择。按我们的看法，最好的方法是将付钱购买医疗服务的权力交给病

增长为什么重要
来自当代印度的发展经验

人：将现金转移支付给穷人，支付常规的卫生保健费用。政府可以继续提供服务，但必须与私人医疗机构竞争，而且所有的收入都来自看病所得。只要穷人有了支付来源，公共医疗机构就会通过提高自己的服务获得收入，以支付所有成本。病人有了更多的选择医疗机构的机会，政府机构也要面对市场的压力。

一个重要的问题是，转移支付是要有具体的条件还是覆盖到所有人。根据拉美国家如墨西哥和巴西的实证经验，要求进行常规医疗检查是非常有用的方法，可以确保财政转移支付花得其所。不过，这种有条件转移支付的利益还要考虑到印度有可能出现的腐败现象。由于医生极为短缺，常规检查也会变成一门生意。医生可以从病人中获得一部分转移支付，只为了开个证明。因此，我们认为最好给穷人的转移支付是没有条件的，或许可以交给家庭中最年长的女性成员。按这种办法，还可以鼓励家庭维持健康的生活方式，不必去看医生，而把钱花在牛奶和水果等能够提高人体自然免疫力的产品上。

很容易理解，如果政府选择现金转移支付，在当前的财政约束下便可以实现目标。让我们大胆设想，转移支付包括了最穷的一半人口，也就是差不多 6 亿印度人。按 2010—2011 年度的价格，总支出约为 3000 亿卢比。而 2010—2011 年度的 GDP 为 79 万亿卢比，转移支付只相当于 GDP 的 0.38%。就算将转移支付增加到 1 万亿卢比，也不到 GDP 的 0.8%。

大病

这里的大病包括了婴儿出生和产妇照料，以及长期患病者（也包括居家治疗的），它与常规医疗有两个重要的不同：发生的频率要低，但费用高得多；而且出现的频率，以及个体需要支付的费用数量，都是不可预测的。[①]

---

① 大多数大病需要住院。因此，我们可以从国家样本调查组织（2006）所收集的数据中，获得大病发生率的粗略总体情况。据此，在 2004 年 1—6 月，农村平均住院率为 2.3%，城市为 3.1%。相关的住院平均支出在农村为 5695 卢比，在城市为 8851 卢比。相比之下，在 15 天的非住院治疗中，平均支出为农村 257 卢比，城市 306 卢比。

大病医疗的这些特征使得它非常适用于保险机制。与其他保险市场一样，我们会也面对逆向选择问题：已经得病或者受慢性病之苦的人想要保险，而那些健康的人则不愿投保。通常的解决方案是集体保险。由于印度的穷人无法负担保险费用，政府必须负担这笔钱。

近年来印度已经往这个方向起步了。受到 2001 年将保险开放给私人部门，包括 26% 外国直接投资的刺激，初步的私人保险市场已经涌现。在这样的背景下，政府也尝试处理这个问题，要求私人进入者必须有一定比例的保单给农村人口。这个规定已经让一些私人保险公司与自助团体如 SEWA（个体户妇女协会）合作，为农村地区的整个协会提供保险。卡纳塔克邦在 2003 年启动了 Yeshasvini 合作农民医疗计划，覆盖差不多 300 万农民，以支付昂贵的手术费用。这个计划部分由保险费支付，部分由政府补贴。成员可以在经批准的公共和私人医院及护理机构接受规定的医疗服务，这样的机构在 2010—2011 年度有 462 家。[①]

一项更有野心的针对穷人的计划是 RSBY（Rashtriya Swasthya Bima Yojana），由印度政府于 2008 年 4 月 1 日启动。该计划由中央和邦政府以 3:1 的比例出资，针对贫穷线以下的家庭。根据该计划，政府支付每个贫穷家庭中 5 位成员的费用，并发给家庭一张智能卡，可以用于公共和私立医院。计划列出了很长的一个需住院治疗的疾病清单，为一个 5 口之家最多支付每年 3 万卢比的医疗费。到 2011 年 12 月 8 日，总共 23 个邦已经发放了 2560 万张智能卡。[②]邦政府也提出了类似的计划；包括安得拉邦的 Arogyasri 计划，卡纳塔克邦的 Vajpayee 计划，以及泰米尔纳德邦的 Kalainger 计划。

我们认为，这些计划都是正确的。它们针对的是穷人，覆盖的是大病，提供大量但财政上可以控制的保险，并允许私立和公立医疗机构竞争病人。它们同时也是可扩展的。提出几个计划而不是单一的全国计划，也可以根据当地的需求而进行实验。

---

① 　细节见 http://sahakara.kar.gov.in/Yashasivini.html（2011 年 12 月 10 日访问）。

② 　进一步细节见 www.rsby.gov.in/overview.aspx 和 www.rsby.gov.in/about_rsby.aspx（均于 2011 年 12 月 10 日访问）。

最终的财政成本依赖于覆盖的人数和提供的利益。假如我们慷慨地假定印度有一半人是穷人。这就意味着要覆盖 6 亿人。进一步假定每年都有 5% 的个人需要接受住院治疗（这高于当前的实际比例），那么保险就要承担 3000 万个住院病例。再假定住院治疗的成本按 2010—2011 年度价格为平均 10000 卢比，那么总费用即为 3000 亿卢比。按 GDP 为 78.77947 万亿卢比计算，也就是 GDP 的 0.38%。假定每个家庭有 5 个成员，也就是说为每个家庭提供 5 万卢比的保险，只要花 GDP 的 0.4% 弱即可。

公共团体主张由邦政府提供普遍的医疗保险，现在国会领袖索妮亚·甘地所领导的全国顾问委员会以及计划委员会也赞同这种做法。由计划委员会所任命的一个高水平专家团体（成员中只有很少的经济学家，主席是一位原为医生的活动分子）最近发表一份研究报告，主张建立全国医疗一揽子计划，让所有印度人在 2022 年可以享受完全免费的医疗。[①]我们认为在跳上"健康权"这辆花车前，更重要的是，要根据政府的能力提供全面保险。

令人惊讶的是，这份专家报告没有为针对全民的一揽子计划提供合理的理由。文件也没有表明要如何改变当前的公共医疗基础设施，从现在这种极为糟糕的状态加以改善，变得能够吸引农村和城市地区的病患。我们在很大程度上赞同 Rao（2012）对这份研究报告的严厉批评，他评论道，"HLEG（高水平专家团体）报告既没有分析在中央、邦和县层面上的各种问题、约束和强制，也没有提供如何处理它们的解决方案。"（p. 16）

最后，当全民覆盖越来越被视为一项法律权利时，政府就必须严肃地看待这些提议。全民覆盖在比如说基础教育领域（见下一章）已经快成为现实，此时把它视为一项基本权利是巩固胜利成果的有用工具。但当它还是遥远的目标时，这样的看法就会耗费巨资，而且也是反生产力的。

---

① 印度公共健康基金会的主席 K. Srinath Reddy 领导着这个团体。

人力资源

印度极为缺乏与卫生保健相关的人力资源，包括医生、执业护理师、护士、助产士、药剂师，以及其他医疗工作者。在私人部门，尤其是农村地区，大部分医疗人士都没有相关资格。卫生保健程度的改善、人口的增长，以及收入的提高，都要求进一步的扩大相关途径。在供给方面，世界其他地方由于老龄化而短缺医务人员的现象有可能加剧印度现有医务人员的退出。因此，由于缺少推进扩大供给的动力，印度将面对医务人员的大量短缺。不幸的是，政策制定者似乎没有看到这个问题。

现在特别需要在两个领域快速扩张。第一，印度农村有大量的农村医务人员（RMPs）。这些人作为医院雇员或医生的助手，已经掌握了一些基本技能，但还缺乏做手上工作的真正资格。用有临床医学学士学位的医生来取代这些农村医务人员也许从长期来看是合理的，但在短期内是不现实的目标。因此，印度需要创造一类相当于美国执业护理师的行业。就算是对现在的农村医务人员提供一年期训练计划，也能大大提高服务水平，并减少病患所面临的风险。

第二，必须扩大有临床医学学士学位（MBBS）的医生数量。前面提到，印度医疗委员会将医疗教育当成自己的领地。其成员据说从授权建立新医学院和让现有的学院继续营业中，收受了大量贿赂。

严格控制以及相关腐败行为的后果便是，有 MBBS 学位的医生数量全面短缺。只有那些有政治后台的企业家（通常他们本人也是政客）才可能获得批准，在少量邦（尤其是卡纳塔克邦和马哈拉施特拉邦）开设一家医学院。表 16.1 已经指出了这一点。马哈拉施特拉邦和其他四个南部邦拥有全印度 54% 的医学院，和 57% 的 MBBS 招生数。作个鲜明的对比，在比哈尔邦，每 157 280 人才有一个 MBBS 学生位置，而卡拉塔克邦是每 10 868 人便有一个。

印度显然需要放松印度医学委员会的严格限制，扩大医学院数量。

表16.1 按所代表的人口排列的各邦医学院数及MBBS席位数

邦	医学院数量	席位数	每一席位所代表的人口
卡纳塔克邦	41	5652	10868
喀拉拉邦	23	2800	11924
泰米尔纳德邦	40	4815	14982
安得拉邦	37	4850	17457
马哈拉施特拉邦	41	4860	23122
旁遮普邦	10	1145	24196
古吉拉特邦	19	2380	25371
哈里亚纳邦	5	600	42255
西孟加拉邦	14	1850	49377
拉贾斯坦邦	10	1300	52785
中央邦	12	1370	52991
奥里萨邦	6	750	55930
阿萨姆邦	4	526	59257
北方邦	25	2899	68845
比哈尔邦	10	660	157280
全印度	335	40335	30004

注：最后一栏的人口数来自2011年人口普查

来源：印度医学委员会，www.mciindia.org（2001年8月8日访问）

监督医疗体系

在独立后的60年中，印度的卫生保健在很大程度上处于无管制的状态。它使得卫生服务快速增长，而激烈竞争让日常门诊和外科手术的费用都相对较低。没有医疗事故诉讼也有助于控制成本。同样，在2005年之前，印度对药品只有方法专利权没有产品专利权，也大大便利了低成本制药业的发展。

缺少监管当然也会带来问题。销售假药并被私立和公立医院所用的情况很普遍。农村医务人员和城市的许多医疗工作者没有相应资格。许多医院和疗养院根本没有执照或登记。还有许多诊疗机构的水平很低。

印度是否应当进行监管，以克服这些缺陷呢？我们的看法是，现在走向系统和实质监管的时机还不成熟。引入监管之后，印度很快便会走向许可证制度。因此，印度往这个方向走要非常谨慎。现在来说，最好是先解决严重的玩忽职守现象，并依赖 NGO 和在村、乡、县和城市水平上建立由医学专业人士和公民代表的委员会来进行非正式监管。监管可以慢慢地从医疗服务转向有组织部门。但即使这样的监管，也最好留给当地的执法部门来做，可以根据当地的条件和约束因地制宜。只有在相当大的有组织部门在全国范围内出现后，才应当考虑进行全国范围的全面监管。

第十七章 基础教育

　　由于高等教育对增长极为重要，尽管它也有益于社会包容，但我们把它归于第一类政策，在本书第二部分作了讨论。相反，基础教育尽管也能够促进和维持增长，但它本身就是一个重要的社会目标。因此我们把它放到第二类改革中。

　　基础教育包括初级（1—5 年级）和中级（6—8 年级）学校教育。我们首先对整体的基础教育进展和私立教育与公立教育的效能作简短的评论。然后讨论 2009 年教育权法案中的关键政策。

迄今为止的进展

　　在 1950 年 1 月 26 日生效的印度宪法中提出了一条国家政策的指导原则："国家应当自宪法生效的 10 年之内，努力为所有 14 周岁以下的儿童提供免费和义务教育。"但这个目标被证明是雄心过大，

超越了这个国家的财政和实物资源能力的，目标的实现时间一再延误，先是
1970年，接着是1980年、1990年和2000年。[①]直到2002年第86条宪法修
正案将6—14岁儿童教育从一条政策指导原则转变为基本权利。即使这样，
缺少财政资源仍然在阻碍法案的实施。

最后，《儿童免费义务教育权法案》（或简称为教育权法案）在2009年
8月通过，并于2010年4月1日生效。该法案具有高度争议性。

图17.1和17.2表明了从1950—1951年度到2007—2008年度间，每10
年的初级（1—5年级）和中级（6—8年级）教育的毛入学率（GER）。如前
面已经指出的，毛入学率所指的是入读某一级教育水平的学生数与这一级教
育适读总人数的比例。由于某些入读的学生可能会比适读群体的年龄更大或
更小，所以比例有可能超过100。

图17.1表明的是女孩、男孩和总人数的初级教育入学率。需要指出的是
直到1990—1991年度，男孩和女孩的比例都低于100（从左到右第五栏）。
就算在2000—2001年度，也只有男孩的入学率达到了100，而且肯定也
并不是所有6—11岁男孩都入学了，因为还有大于11岁和小于6岁的入
学儿童。在宪法所规定的时间之后40年，政府仍缺少资源实现初级水平
的全面教育。

中级教育的入学率明显低于初级水平，即使在2007—2008年度仍不
到100（图17.2）。当然，这也部分地反映出一个事实，就是许多11—14
岁的儿童仍在小学读书。这个推断得到了图17.3所示的1—8年级总入学
率数据的支持。

在所有社会群体包括表列种姓和表列部落中，都取得了一定进步。图
17.4表明了这些群体的1—8年级男孩和女孩总入学率。表列种姓和表列部
落在2007—2008年度的入学率都超过了100%。因此进步是全方位的。

---

① 法院授权实施宪法中的基本权利，但在邦政策的指导原则中根本不存在类似的强制性。

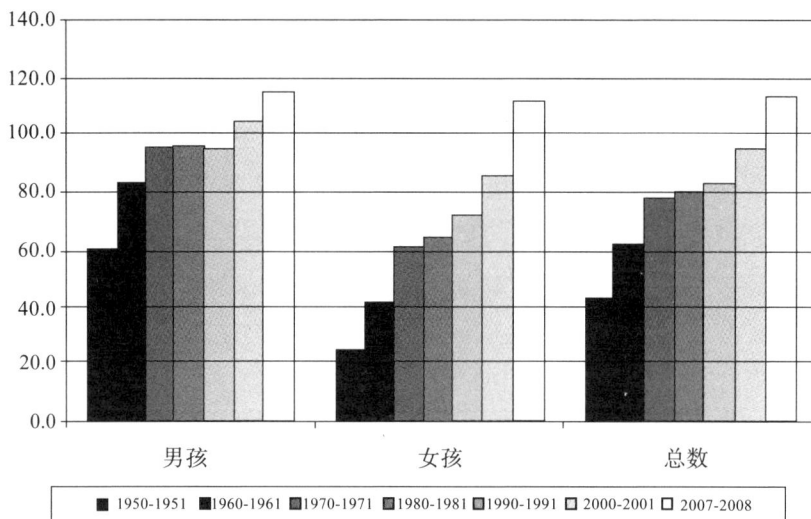

图17.1　毛入学率（1—5年级），男孩和女孩

Legend: ■ 1950-1951　■ 1960-1961　■ 1970-1971　■ 1980-1981　■ 1990-1991　□ 2000-2001　□ 2007-2008

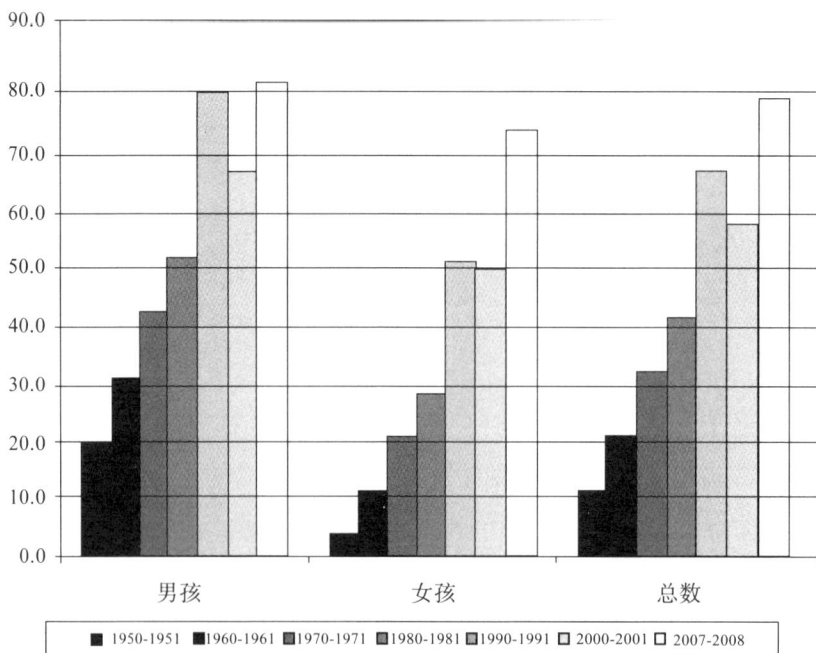

图17.2　毛入学率（6—8年级），男孩和女孩

Legend: ■ 1950-1951　■ 1960-1961　■ 1970-1971　■ 1980-1981　■ 1990-1991　□ 2000-2001　□ 2007-2008

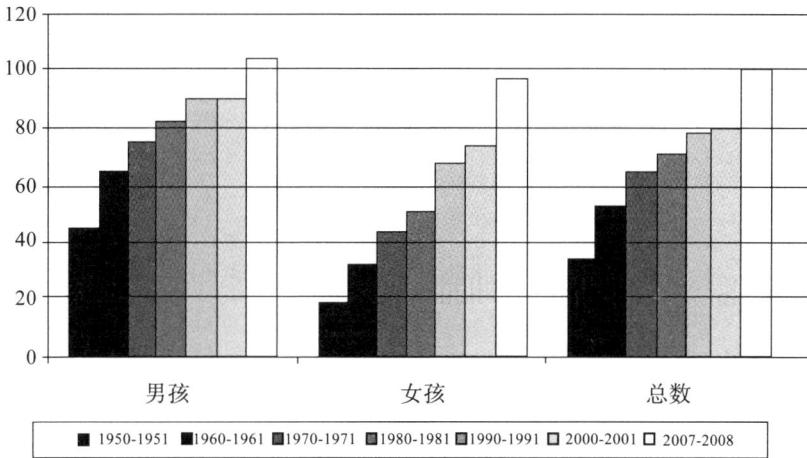

图17.3　毛入学率（1—8年级）

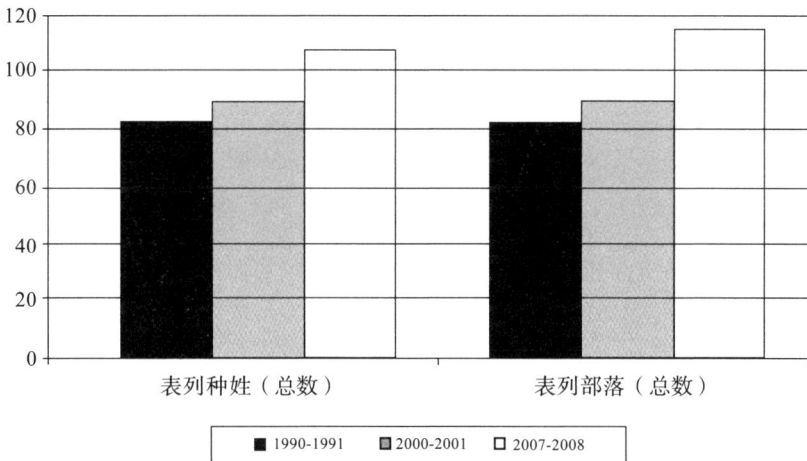

图17.4　表列种姓和表列部落的毛入学率，男孩和女孩

图 17.1 到 17.4 的数据来源：www.educationforallinindia.com/ses.html（2011 年 12 月 12 日访问）

绝大部分 6—14 岁儿童都在学校读书，这一点也得到了 NGO 组织 Pratham 对农村地区年度调查的进一步证实。根据其概括于报告 *Aser 2010* 中的最新调查，在印度农村，6—14 岁儿童不在学校读书的比例从 2005 年的 6.6% 降到了 2010 年的 3.5%。同一时期，女性没有入学的比例则从 11.2% 降到了 5.9%。

这些趋势表明，经济增长直接和通过提高政府税收的方式间接支持这个社会目标。由于私立学校在基础教育中扮演越来越重要的角色，增长所起的直接作用不能被否认。[①]同时感谢税收的提高，政府也能更快速地增加公立学校。在 2000 年 11 月发布了 Sarva Shiksah Abhiyan（SSA，全面教育运动）之后，政府更加努力了。凭借私立和公立学校的同时扩张，印度政府有能力在 2010 年 4 月 1 日将免费义务基础教育当作一项基本权利。

公共 VS. 私立教育

我们要重点讨论私立学校相对于公立学校的有效性，因为它在印度的基础教育中扮演了越来越重要的角色。根据基础设施和其他资源、正式的教师训练，以及学费来衡量，这些学校之间的差别非常大。

在一个极端上，有一小部分政府承认的精英学校，这类学校有非常好的基础设施、训练有素的老师、很低的学生—老师比以及非常高的学费，吸引了精英家庭的优秀学生，培养水平胜过公立学校。而在另一个极端，我们也有大量"不被承认"的学校，拥有较差的基础设施、未经训练的教师以及较低的学费。这些学校散布于农村地区和城市的贫穷街道以及贫民窟。在今天的印度，私立学校的数量多达数以十万计。

根据可获得的资料，就连低端的不被承认学校的水准也超过同一地区的公立学校。它们付给教师的薪水却只是公立学校的一小部分。与后者相比，

---

① 根据 *Aser 2010*，6—14 岁儿童在私立学校读书的比例从 2005 年的 16.3% 提高到了 2010 年 24.3%。在南部 4 个邦，增长更为稳健，而且也相对富裕，在一年之间，就读的比例就从 2009 年的 29.7% 增加到了 2010 年的 36.1%。

它们在操场、教室空间和图书馆方面的设备也较差。私立学校能够成功的单一最重要因素便是教师。公立学校教师是邦雇员，在任何情况下几乎都不可能被解雇。因此，除非他们觉得在道德上有义务好好教学生，否则没有任何激励让他们努力完成指定任务。私立学校的老师就没有这么好运，如果不能完成基本任务，就会被赶出门。结果便是，公立学校的老师经常旷工，在教室的上课表现也较差。

Muralidharan 和 Kremer（2006）收集了全国农村的代表性样本，估计有 28% 的印度农村儿童在收费的私立小学读书。他们证明在这些学校读书的儿童有更高的出勤率，考试成绩也胜过公立学校的儿童。私立学校老师的缺勤率要比公共学校教师低 2%~8%，出勤时的教学时间则要多 6%~9%。Muralidharan 和 Kremer 也指出私立学校教师的薪水通常只是公共学校教师的 1/5，有时甚至只有 1/10。

作者指出，校长管理教师的能力是私立学校缺席率较低的主要原因。他们所调查的 3000 所公立学校中，只有一位校长因为一名教师经常旷工而开除了他。而在所调查的 600 所私立学校中，就有 35 个这样的例子。

Tooley 和 Dixon（未标明时间）在 2004—2005 年度对德里最穷的地方沙赫德拉（Shahdara）进行了一项关于小学和中学的普查，也得出了类似的结论。他们发现这个地区总共有 275 间学校，27% 为公立学校；7% 是私立但有政府资助；38% 为私立，没有资助，但被承认；还有 28% 的学校为私立、没有资助，也不被承认。最后两类占了学校总数的 66%，代表了整个私立学校。

Tooley 和 Dixon 根据突击访问所获得的记录，发现公立学校教师中有 38% 在教学，而私立学校则是 70%。他们测试了 3500 名学生，发现比起公立学校来，不被承认的私立学校学生的数学成绩平均要高 72%，印度语成绩高 83%，英语成绩则高 246%。被承认的私立学校学生成绩则要更好。在控制了所有背景变量之后，私立学校的优势仍然存在。

Tooley 和 Dixon 进一步指出，公立学校的老师薪资是不被承认的私立学校老师的 7 倍。虽然公立学校的班级规模比较大，但平均每个学生的老师薪资也仍然是不被承认的私立学校的 2.5 倍。可令人惊讶的是，在无资助学校工作的老师在薪水、假日和社会地位方面的满意度并不比公立学校的老师低。[①]

在这种背景下，我们需要讨论印度政府当前的基础教育政策。这些政策的主要部分就系于 2009 年的教育权法案，以及法案中一些条款所设定的详细规则。

2009年教育权法案的问题

在一个层面上，教育权法案是相当有害的。它对基础教育的伤害可以与 1947 年的《工业纠纷法》对制造业的影响相比：实施保护标准，最终伤害了意图保护的那些人，只有一小部分幸运人士从中得利。一方面，《工业纠纷法》对在有组织部门获得工作的一小部分工人提供了超高保护。另一方面，它摧毁了劳动密集型制造业，以及可以提供高工资的制造业工作机会。如我们在下面所提出的，教育权法案如果实施的话，也会让数以百万计的贫穷儿童无法接受良好的私立基础教育，只有一小部分人能够选择进入国家最好的私立学校。

教育权法案要确保所有 6—14 岁的儿童拥有免费义务基础教育的权利。"权利"给了儿童，而"义务"则落到了邦政府（在中央直辖区，则是中央政府的责任）以及地方政府——如城市中的市政公司和村子里的五人长老会（panchayat）——头上。

由于全面义务教育已经成为印度的共识，这个条款显然是受欢迎的。但同时要求地方政府主动将其管辖区内的每个儿童都送到学校里并不现实。[②]首先，印度的邦和地方政府没有能力实施这样的规定。此外，由于较高的贫

---

① Muralidharan 和 Kremer（2006）及 Tooley 和 Dixon（未标明时间）的研究发现完全与更早的 PROBE（1999）和 Kingdon（2005）的报告相同。

② 教育权法案的条款要求地方政府在管辖权之内找到所有小孩，并将他们送到小学中读书。法案的模型规则要求地方政府进行家庭调查，以确认管辖权之内的所有小孩，并进行记录，从出生一直到 14 岁。在公共领域内，这些记录包括名字、性别、出生时间与地点、父母的名字与职业、儿童的学龄前教育、是否残障，以及儿童是否属于贫穷和弱势群体。

穷水平，尤其在农村地区和部落，有些家庭实在太穷了，需要孩子帮忙工作才能一天吃上两顿。

教育权法案还要求所有没有得到资助的私立学校要保留 25% 的一年级席位给邻近的较穷地区和弱势群体的孩子。根据法案，政府必须根据每个学生在公立学校的费用为这所学校提供补偿。

显然这个条款没有促进任何教育权的实现，因为它挤出了其他地区的一个学生位置，再吸收进一个较穷和较弱势的家庭的孩子。这完全是将来自较穷和较弱势家庭的儿童转到高质量私立学校的再分配方案。尽管这是个好目标，但它作为教育权的促进方案却是误导性的。

该条款还有其他问题。它在本质上相当于交叉补贴。按照公立学校的每位学生平均支出所进行的补偿会低于高质量私立学校的实际支出。因此它会提高付费学生的成本，并鼓励新的高品质私立学校的进入。更有效的工具是政府从一般预算中拨款，覆盖被选学生的全部费用。也可以考虑按公立学校的人均支出提供儿童教育券，然后如果他们选择就读于私立学校，就把教育券交给学校抵作学费。这会鼓励而不是抑制私立学校的涌现。

政府试图促进平等的这种方式还会引出其他问题。贫穷和弱势群体如果幸运的生活在拥有高质量私立学校的地区，就有机会进入这些学校。但要是穷人中的穷人，生活在没有私立学校的街道和村庄里，就没有任何机会了。事实上，正如我们后面会讨论的，教育权法案的另一个条款更是伤害了他们。法案有效地将弱势群体分隔为受益者和受害者。

最后，实施该条款会产生一个真正的危险，那就是录取程序被有势力的政客和官僚所干扰。政府必须首先设计一个工具去辨别出贫穷和弱势的家庭。然后必须从这些家庭中找出能够进入学校的合适孩子。法案中并没有规定入学测试，所以在遴选学生时并没有一个可行的明确透明机制，除了抽签以外。该条款进入实施阶段已经一年半了，机制还远没有弄清楚。

不过，法案中最有害的条款是为所有学校设定了最低规范和标准。这些规范不是根据结果，如阅读、书写和处理问题的能力，而是考核学校的设施。包括小学的学生—教师比为 30，中学的学生—教师比则为 35；一幢全天候建筑，平均每位老师都有一个教室，一个做午饭的厨房，还有一个操场；还有其他。所有学校都要在 2013 年 3 月 31 日前达到这些规范。

对大多数不被承认的低端学校来说，以它们所收的学费是不可能达到这些规范和标准的。[①]而同时，它们所服务的那些穷家庭也不可能付更高的费用。因此，如果实施这个条款，可以肯定许多这类学校必须关门。还有一种可能是，它会在基础教育领域创造大规模的检查员制度，政府检查员收受贿赂后，会开出虚假的证明，让学校符合所制定的规范和标准。

如果前一种结果出现了，我们很怀疑政府是否有能力把被迫失学的学生转移到可以满足教育权法案所制定的各项规范和标准的学校中。事实上，教育权法案很可能不但没让更多学生接受正规的基础教育，反而强迫许多在低端私立学校读书的学生离开教育体系。

教育权法案的一些其他条款和模型规则也存在问题。根据规则，工资和津贴、医疗设施、抚恤金、退休金、公积金，和其他规定的教师福利都要发给正规教师。再一次，有许多学校如果必须付这些薪水的话，就只能倒闭了，因为它们所教的孩子都是来自贫穷家庭。

讽刺的是，虽然所有学校中那些有保障的教师的薪水和福利远远高于绝大多数私立学校所能提供的，但教育权法案却没有制定任何有效措施，强迫教师履行职责。它只是简单的要求对那些不能履行职责的老师"要在合适的服务原则之下进行纪律处分"。这样的纪律处分在过去根本没有阻止过卸责的老师，在未来肯定也不可能。

教育权法案规定不能要求孩子参加任何委员会考试，除了那种考完后自动升级的基础测试以外。在一方面，这种措施可以减少退学率，但在另一方面，它也可能完全消灭教育的价值。在一个教育系统下，如果不通过单一的委员会考试也能取得学位，那么在义务教育之下就成了人人都有学位，潜在的雇主便无法评断其价值。没有考试，也就几乎不可能评估教育质量是否随着时间进步了。

---

① 事实上，许多公立学校也不太可能满足这些规范和标准。

最后，教育权法案也禁止学校出于入学目的实施任何针对儿童或父母的筛选程序。虽然该条款有一定优点，尤其是在禁止筛选父母方面，但我们并不清楚学校又如何制定入学原则。如果不允许对学生进行测试，那么录用的自由度反而就会扩大，除非政府强制规定学校随机录取申请者。但这是不太可能出现的。

印度：过去与未来

我们前面的分析一直在讨论印度增长及其减少贫穷的经验，并与其他发展中国家进行比较分析，现在我们回过头来讨论印度的政策绩效和前景。记得在 20 世纪 80 年代，印度的经济绩效是极为糟糕的。印度的人均年收入增长只有 1.5%；国家根本无力消灭贫穷及改变弱势群体的命运。在经济方面，首相尼赫鲁所说的"与命运约会"似仍在梦里。

反生产力的政策框架（最明显的是许可证制度）已经使印度成为世界的笑柄。会有人认真地看待这样一个不让公司扩大产能且阻止产品多样化的国家吗？这只是无数非理性限制中的两个例子而已，它破坏了社会的创造力，把印度变成了一个苏联式的国家。这些愚蠢的政策以及相应的糟糕增长率都迫切需要改变，才能实现尼赫鲁所设想的国家经济命运之梦。

正是因为明白印度不能再走老路了，纳拉辛哈·拉奥首相才任命曼莫汉·辛格博士为财政部长。整个内阁团队很快便取消了投资和进口许可证，并将经济从自给自足转变为向外国直接投资开放。其他改革也接踵而至。削减了关税壁垒；简化了直接和间接税；允许私人进入航空和电信公司；国内私人和外国资金进入银行和金融业的情况不断增加；大量产品只能由小企业制造的规定也在很大程度上被废除了。这些真实而非象征性的行动产生了巨大的冲击。[①]

增长不断加速，贫穷也开始显著减少。而且如我们所表明的（神话3.3），表列种姓和表列部落的财富也大量增加。各个阶层携手并进，几乎就像半个世纪以前的印度所计划的那样，减少贫穷并提高了弱势群体的地位。即使在不平等方面，随心所欲的批评者也开始后退了，至少可以说证据是混杂的。现在不是去加入反对改革的大合唱的时候，而是应该提出真正的问题：印度要如何拓宽并强化改革，甚至也要改进以增长为中心的第一类改革，才能在所有方面都取得更好的结果？

事实上，随着第一类改革而不断增加的税收意味着印度现在能够扩大社会支出，真正开始我们所称的第二类改革。这些改革表现为卫生保健、教育，直接或通过公共工程雇用间接进行收入转移。印度现在进行的是第一类改革，我们在第二部分的分析表明需要进一步深化改革，促进更快的增长，以及更大程度的减少贫穷；还有第二类改革，我们在第三部分作了深入分析。如果政府能够实施我们在第二部分和第三部分所勾勒的改革，那么印度的中长期前景是乐观的。

错位的悲观情绪

不过在考虑中长期前景之前，我们必须先处理当前影响了大多数评论者

[①] 如我们在神话 3.1 已经讨论的，Dani Rodrik 和 Arvind Subramanian 所提出的观点——印度的戏剧性变化是由于 1991 年之前"态度"转变的结果，而不是因为始于 1991 年的闪电战式改革，以及之后的不断强化——完全没有考虑到这些巨大变化。这些变化是不可能逆转的。新奇的观点有时是好的，但在这里则完全不妥。

对印度经济未来看法的悲观情绪。一些悲观情绪反映了对 2008 年危机之后短期情况的担忧。但事实上几乎所有经济体，包括中国、日本和欧盟以及美国，都深受这场危机之苦。印度并不是受危机影响最深的国家，而且其恢复程度也胜过绝大多数国家。

在金融危机过后整整两年，印度 2011—2012 财政年度的增长率下降了两个百分点，这也滋生了许多观察者的悲观情绪。许多评论者认为，我们正在见证经济增长故事的结尾。但这些评论者过度夸大了。

我们今天所看到的短期衰退源于两个短期因素：印度储备银行（RBI）连续 13 次上调利率以及中央政府的政策瘫痪。利率上调是由于持续的通货膨胀，而政策瘫痪则是因为每个中央部门都过度谨慎，以应对刚爆发的大规模腐败丑闻。

这两个因素都开始有所消退。印度储备银行已经开始放松，允许利率下调。此外，政策瘫痪也让位于更多的改革。如 Panagariya（2012b）所详细分析的，辛格总理已经从国大党领袖手中拿到了主动权，重新宣誓他的改革者形象，并开始了一系列自由化步骤，包括将综合零售业开放给直接外国投资（DFI）上限定为 51%，并大幅减少了柴油补贴。他也将民用航空开放给直接外国投资，上限为 49%，并将电视广播的直接外国投资上限从 49% 提高到 74%。总理甚至已经宣布要进行现金补贴，这正是本书以及 Panagariya（2008a，2012c）所主张的。

事实上，悲观者对改革已经停滞的恐惧是误读了历史和当前的发展。改革大约在 2004 年 5 月就已经停滞了，当时联合进步联盟刚刚执政。但增长的下滑却是近来的事。而且，就是在宣布前面所指出的措施之前，我们也已经看到了改革的少许进步。政府近来已经推翻了 2004 年的决定，解除了对汽油价格的管制，这个人们等候多时的措施可以提高效率并减少财政赤字。以类似的方式，它也成功地废除了对单一品牌零售业外国直接投资的 51% 上限，这使得瑞典家具零售业巨头宜家宣布要在印度投资 20 亿美元。

某些评论者认为是印度的联盟政治导致了政策瘫痪。但这个观点没有证据的支持。拉吉夫·甘地总理只实施了一小部分改革，虽然 20 世纪 80 年代后半期他们在国会下议院拥有四分之三的多数。而在 20 世纪 90 年代和 21 世纪初，纳拉辛哈·拉奥属于少数政府，瓦杰帕伊总理则是联合政府，但仍有能力进行大范围的改革。而且，由于对增长是消灭贫穷和推进其他社会议程的最根本方法已经有了更多的共识，改革之路应该是更为平顺的。

对中长期的乐观

因此，我们没有动摇对印度中长期前景的乐观。或许我们有自己的偏见：我们过去是理论经济学家，后来转向政策分析，希望能帮助改变印度和世界。如果我们是悲观主义者，这种转变就是非理性的：要不是我们认为可以改变世界，何必转向政策分析？但尽管有偏见，我们还是可以提供客观的理由表明为什么印度的好日子还在前头。

公众舆论

1. 没有人担心印度的改革会倒退，而是只会向前进。大量年轻印度人都认识到了改革带给他们和整个国家的利益。在未来，反改革的措辞在政治上不会有太大市场。有许多政党试图组织示威者反对 2012 年的一揽子改革计划，包括向外国投资开放综合零售业，以及削减柴油补贴等，但根本无法获得公众支持。

2. 许多人也注意到了由 Anna Hazare 和其他社会活动分子领导的大规模反腐败运动远超过占领华尔街的示威。但他们反对的是腐败，而不是改革。事实上，示威者呼吁的是更多而不是更少的改革（扩展到新领域，如采矿权）。

3. 正如我们前面在分析那些批评者不断重复的反改革神话时所指出的，批评者只有武断的看法，而我们和其他人所提出的反驳意见已经为越来越多人所理解，老式反改革知识分子已经失去了当年人们所赋予他们的偶像地位。

客观看法

但如果公众舆论并没有妨碍改革进程，那么"客观"因素告诉我们印度增长的前景究竟是什么呢？这儿，印度有三个基本优势。

1.增长依赖于两个潜在因素：储蓄（或投资）和投资生产力。苏联有很高的储蓄率，但生产力很低，所以尽管他们"流血、流汗、流泪"，但经济仍然不断下滑。东亚经济体的储蓄和生产力都很高，所以有"奇迹般的"增长率。幸运的是，印度的储蓄率在稳步上升。它现在已经占 GDP 的 32%~33%，而且还在进一步提高。

2.在生产力方面，印度表现不错，而且还会继续保持，这是出于两个因素。第一是印度稳定地向世界经济开放。有足够的证据表明，开放会带来好处。第二是印度的侨民，也会通过很多渠道带来红利。在美国许多大企业担任高级职务的侨民把这些企业带入了印度，将这个国家与最新的技术结合起来。班加罗尔和硅谷之间也产生了协同效果。印度企业家也是大量汇款的来源，现在这个数字每年超过了 500 亿美元。这些在发达国家取得成功的印度侨民也推广了印度的友善形象。最后，侨民通过分析和鼓吹，始终保持着对不断往前改革的压力。

3.讽刺的是，最近的经济下滑又突然引起了所有人对增长的关注。过去 5.5% 的经济增长率是了不起的成就，而现在印度只是在 2012 年前两季度的增长率跌到这个水平，就被当作一场灾难。甚至许多传统上认为高增长率不能帮助穷人的分析人士，也开始抱怨增长的下滑在伤害他们。辛格总理已经利用这个机会说服国会领袖索妮亚·甘地，只有第一类改革才能恢复增长，产生不断提高的税收，这样才能持续近些年来她所独重的第二类改革。当然，回归到第一类改革是我们保持乐观的主要原因。

中—印之间的比较

最后，印度的增长与中国比较又如何？阿玛蒂亚·森认为这是个"愚蠢"的问题。[1]我们不接受这个看法。超高的增长率已经让中国在国际政治中获得了红利。中国比印度更有能力影响经济结果。那么印度在什么地方可以对阵中国呢？[2]

1. 中国的国防预算在快速增长。它试图使其"硬实力"能配得上通过高速增长所获的"软实力"。随着中国实力的扩张，印度也不得不提高其国防预算。在这种军备竞赛中，哪个国家所受伤害更大，还是未知之数。

2. 中国的增长非常快，所以广东省和其他东部沿海省份需要大量劳动力。但劳动力供给并没有同样快速的上升，这是因为其一胎化政策，以及限制农民向城市的迁徙。中国已经从一个真实工资保持不变的劳动后备区转变成为工资随着增长不断上升。这会降低增长率。相反，印度的人口统计情况则表明它有充沛的年轻劳动力供应，可以让印度步上中国过去所走的增长路径。

3. 与印度的民主制度相比，中国有两个方面表现出不同。第一，对发展让人们自由交流的软件心存担忧。但许多技术进步都是随着软件而来的。印度在这方面和美国一样自由，在发展这些产业上有较大优势。

4. 另一点则是中国中产阶级的发展及其寻求政治权利。如何回应人们的维权，这是一个真实的悖论。印度则是采用"搅拌与反应"模式，人们传达不满之后，政府就开始回应。虽然慢一点，但并不混乱。而且，民主不能仅由其工具价值（如经济效果）来评价，它本身就是价值。

---

[1] 见 James Lamont（2010），Amartya Sen（2011），以及 Panagariya（2011a, 2011b）的批评。
[2] 我们在这里没有就中印之间与增长率相对的社会指标方面进行比较，Drèze 和 Sen 已经写了，我们则分析了其错误之处（神话 5.1）。

致谢

在完成这本书的过程中，国家应用经济研究委员会（NCAER）和哥伦比亚印度经济政策项目在 2012 年 1 月 5 日于新德里印度国际中心联合组织了本书的出版前讨论，我们非常感谢会议的一些参与者所做的评论。我们感谢资深的 NCAER 成员 Rajesh Chadha，他非常高效地组织了这场活动。

会议有两个专家小组，一组是来自各个领域的学者，另一组则是印度和西方的知名新闻工作者。我们根据所收到的各类评论和批评对本书作了许多修订。

我们要特别感谢第一组的 Bibek Debroy（教授，政策研究中心）、Jay Panda（下议院委员）、Manish Sabharwal（CEO，Teamless）和 Shekhar Shah（局长，NCAER），还有第二组的 Vikas Bajaj（《纽约时报》）、Sunil Jain（《金融速递》）、James Lamont（《金融时报》）和 T. N Ninan（《商业标准报》）。Bina

Agarwal（经济增长研究所）、Bornali Bhandari（NCAER）、Rajesh Chadha（NCAER）、Shashanka Bhide（NCAER）、Rana Hasan（亚洲开发银行）、Vijay Joshi（牛津大学）和 Deepak Mishra（世界银行）也另外提供了与会评论。

杰出的历史学家拉马钱德拉·古哈（Ramachandra Guha）阅读了第一部分的所有章节，并提供了详细的评论，我们据此在最终稿又作了许多改进。我们同时还得到了国际货币基金会的 Ashoka Mody 和《印度时报》的 Swagato Ganguly 的积极评论，他们都阅读了本书的部分章节。

来自比亚尔邦的年轻学者 Manish Kumar 投入良多。他研究过尼赫鲁、英迪拉·甘地、纳拉辛哈·拉奥、瓦杰帕伊以及曼莫汉·辛格总理的几乎所有公开演讲，并向我们提供了不少值得引用和选择的文字。我们非常感谢他。

Zeenat Nazir，Shivam Srivastava 和 May Yang 在工作各个阶段都给我们提供了精彩的研究资助。

本书吸收了许多一流学者的研究成果，这些成果是由国际与公共事务学院（SIPA）和哥伦比亚大学的社会和经济研究与政策研究所（ISERP）联合主办的印度经济政策计划所展开的。计划讲到了 Templeton 基金会的大量资助。虽然本书的观点由我们自己负责，但还是要借这个机会感谢 Templeton 基金会资助了这个计划和 ISERP 的成员，尤其是 Michael Falco、Michael Higgins、Shelley Klein、Carmen Morillo、Andrew Ratanatharthorn 和 Kristen Van Leuven。

最重要的，我们要感谢外交关系协会为我们中的一位（巴格瓦蒂）提供了研究本书的大量支持。外交关系委员会主席 Richard N. Hass、James M. Lindsay 研究主任、Sebastian Mallaby 经济研究中心的 Maurice R. Greenberg 主任对我们的手稿提供了深刻的评论，Amy Baker 和 Patricia Dorff 对出版提供了资助。

附录：印度历任总理

总理	任职时间	党派	联盟党派
贾瓦哈拉尔·尼赫鲁	1947 年 8 月 15 日 —1964 年 5 月 27 日	印度国大党	
古尔扎里·拉尔·南达 （代理）	1964 年 5 月 27 日 —1964 年 6 月 9 日	印度国大党	
拉尔·巴哈杜尔·夏斯特里	1964 年 6 月 9 日 —1966 年 1 月 11 日	印度国大党	
古尔扎里·拉尔·南达 （代理）	1966 年 1 月 11 日 —1966 年 1 月 24 日	印度国大党	
英迪拉·甘地	1966 年 1 月 24 日 —1977 年 3 月 24 日	印度国大党	
莫拉尔吉·德赛	1977 年 3 月 24 日 —1979 年 7 月 28 日	印度国大党 （O）	印度人民党（少数）
查兰·辛格	1979 年 7 月 28 日 —1980 年 1 月 14 日	印度民众党	印度人民党（少数）
英迪拉·甘地	1980 年 1 月 14 日 —1984 年 10 月 31 日	印度国大党 （I）	
拉吉夫·甘地	1984 年 10 月 31 日 —1989 年 12 月 2 日	印度国大党 （I）	
维·普·辛格	1989 年 12 月 2 日 —1990 年 11 月 10 日	印度人民党	人民联盟（少数）
钱德拉·谢卡尔	1990 年 11 月 10 日 —1991 年 6 月 21 日	社会人民党 （少数）	

纳拉辛哈·拉奥	1991 年 6 月 21 日 —1996 年 5 月 16 日	印度国大党 （I） （少数）	
阿塔尔·比哈里·瓦杰帕伊	1996 年 5 月 16 日 —1996 年 6 月 1 日	印度人民党 （少数）	
德韦·高达	1996 年 06 月 1 日 —1997 年 04 月 21 日	人民党	联合阵线（少数）
因德尔·库马尔·古杰拉尔	1997 年 4 月 21 日 —1998 年 3 月 19 日	人民党	联合阵线（少数）
阿塔尔·比哈里·瓦杰帕伊	1998 年 3 月 19 日 —2004 年 5 月 22 日	印度人民党 （少数）	全国民主联盟
曼莫汉·辛格	2004 年 5 月 22 日 —2014 年 5 月 26 日	印度国大党	联合进步联盟
纳伦德拉·莫迪	2014 年 5 月 26 日—	印度人民党	

参考文献

Ahluwalia, Deepak. 1993. Public Distribution of Food in India: Coverage, Targeting and Leakages. *Food Policy* 18(1): 33–54.

Ahmad, Zainon. 1995. "India to Push On with Economic Reforms." *New Straits Times* (Malaysia), August 3, p. 16.

Alfaro, Laura, and Anusha Chari. 2012. Does Liberalization Promote Competition? In Bhagwati, Jagdish, and Arvind Panagariya, eds., *Reforms and Economic Transformation in India*. New York: Oxford University Press, pp. 200–226.

ASER. 2010. *Annual Status Education Report (Rural)*. Mumbai: Pratham Resource Center.

Balachandran, Kamala. 2010. Understanding RTE. *Deccan Herald,* August 10.

Bhagwati, Jagdish. 1958. Immiserizing Growth: A Geometrical Note. *Review of Economic Studies* 25: 201–205.

Bhagwati, Jagdish. 1988. Poverty and Public Policy. *World Development* 16 (5): 539–555. Also reprinted in Bhagwati, J., *A Stream of Windows: Unsettling Reflections on Trade, Immigration and Democracy.* Cambridge, MA: MIT Press, 1999.

———. 1998a. The Capital Myth: The Difference Between Trade in Widgets and Dollars. *Foreign Affairs,* May/June.

———. 1998b. Review of India's Economic Reforms: 1991–2001 by Vijay Joshi and I. M. D. Little and India: Economic Development and Social Opportunity by Jean Drèze and Amartya Sen. *Economic Journal* 108: 196–200.

———. 1999. The "Miracle" That Did Happen. In Thorbecke, Erik, and Henry Wan, eds., *Taiwan's Development Experience: Lessons on Roles of Government and Market.* Boston: Kulwer Academic Publishers, pp. 21–39.

———. 2010. Indian Reforms: Yesterday and Today. The 3rd Professor Hiren Mukherjee Memorial Annual Parliamentary Lecture, December 2. Available at www.columbia.edu/~jb38/papers/pdf/Lok-Sabha -speech-FINAL-EXPANDED-Deceber-14.pdf (accessed April 13, 2012).

———. 2011a. The Misplaced Fear of the East in the West. *Bank Votobel Magazine,* November.

———. 2011b. Designing Institutions for Governance Reforms. 24th Intelligence Bureau Centenary Endowment Lecture, Home Ministry, Government of India. Available at www.equilibri.net/ nuovo/es/node/2011 (accessed April 13, 2012).

Bhagwati, Jagdish, and Padma Desai. 1970. *India: Planning for Industrialization.* London: Oxford University Press.

———. 1975. Socialism and Indian Economic Policy. *World Development* 3(4), pp. 213–221.

Bhagwati, Jagdish, and Rajeev Kohli. 2011. Selling the Wrong Idea. *Times of India,* December 12.

Bhagwati, Jagdish, and Arvind Panagariya. 2004. Great Expectations. *Wall Street Journal,* May 24.

———. 2012. Introduction: Trade, Poverty, Inequality, and Democracy. In Bhagwati, Jagdish, and Arvind Panagariya, eds., *India's Reforms: How They Produced Inclusive Growth.* New York: Oxford University Press, pp. 3–17.

Bhagwati, Jagdish, and Balbir Sihag. 1980, December. "Dual Markets, Rationing and Queues." *Quarterly Journal of Economics* 95(4): 775–779.

Bhagwati, Jagdish, and T. N. Srinivasan. 1975. *Foreign Trade Regimes and Economic Development: India.* New York: National Bureau of Economic Research.

Cain, J., Rana Hasan, and Devashish Mitra. 2012. Trade Liberalization and Poverty Reduction: New Evidence from Indian States. In Bhagwati, J., and Arvind Panagariya, eds., *India's Reforms: How They Produced Inclusive Growth.* New York: Oxford University Press, pp. 91–185.

Chakrabarty, Bidyut. 1992. Jawaharlal Nehru and Planning, 1938–41: India at the Crossroads. *Modern Asian Studies* 26(2): 275–287.

Chakraborty, Pinaki, Sudipto Mundle, Arvind Panagariya, and Govinda Rao. 2011. *Economic Policies and Outcomes in the Largest Fifteen States in India.* New York and New Delhi: Columbia University and National Institute of Public Finance and Policy.

Chaudhuri, Sudip. 2002. Economic Reforms and Industrial Structure in India. *Economic and Political Weekly* 37(2): 155–162.

Das, Deb Kusum, Deepika Wadhwa, and Gunajit Kalita. 2009. The Employment Potential of Labor Intensive Industries in India's Organized Manufacturing. ICRIER Working Paper 236, June.

DasGupta, Monica, Rajendra Shukla, T. V. Somanathan, and K. K. Datta. 2009. How Might India's Public Health Systems Be Strengthened? World Bank Policy Research Working Paper Series, No. 5140.

Das, Jishnu, and Jeffrey Hammer. 2007. Money for Nothing: The Dire Straits of Medical Practice in Delhi, India. *Journal of Development Economics* 83(1): 1–36, May.

Das, Matreyi Bordia, Gillette Hall, Soumya Kapoor, and Dennis Nikitin. 2011. "India's Adivasis." *India: Country Brief 4.* World Bank, http://siteresources.worldbank.org/EXTINDPEOPLE/Resources /407801–1271860301656/India_brief_clean_0110.pdf (accessed November 11, 2012).

Deaton, Angus, and Jean Drèze. 2002, September 7. Poverty and In-equality in India: A Reexamination. *Economic and Political Weekly* 37 (36): 3729–3748.

———. 2008. Food and Nutrition in India: Facts and Interpretations. *Economic and Political Weekly* 44 (7): 42–65.

Debroy, Bibek. 2001. Why We Need Law Reform. *Seminar,* January. Available at www.india-seminar.com/2001/497/497%20bibek%20 debroy.htm (accessed November 4, 2011).

Dehejia, Rajeev, and Arvind Panagariya. 2012a. Entrepreneurship in Services and the Socially Disadvantaged. In Bhagwati, Jagdish, and Arvind Panagariya, eds., *Reforms and Economic Transformation in India.* New York: Oxford University Press, pp. 253–277.

———. 2012b. Services Growth in India: A Look Inside the Black Box. In Bhagwati, Jagdish, and Arvind Panagariya, eds., *Reforms and Economic Transformation in India.* New York: Oxford University Press, pp. 86–118.

DeLong, J. Bradford. 2003. India Since Independence: An Analytic Growth Narrative. In Rodrik, Dani, ed., *In Search of Prosperity: Analytic Narratives of Economic Growth*. Princeton, NJ: Princeton University Press, pp. 183–204.

Deshpande, R. S. 2002. Suicide by Farmers in Karnataka: Agrarian Distress and Possible Alleviatory Steps. *Economic and Political Weekly* 37(25): 2601–2610.

Dev, S. M., and M. H. Suryanarayana. 1991. Is PDS Urban Biased and Pro-Rich: An Evaluation. *Economic and Political Weekly* 26(41): 2357–2366.

Drèze, Jean. 2004. Bangladesh Shows the Way. *The Hindu,* September 17.

Drèze, Jean, and Reetika Khera. 2010. The BPL Census and a Possible Alternative. *Economic and Political Weekly* 45(9): 54–63.

Drèze, J., and A. K. Sen. 1995. *India: Economic Development and Social Opportunity*. Oxford: Clarendon Press.

———. 2011. Putting Growth in Its Place. *Outlook,* November 14.

Dumont, Rene. 1966. *False Start in Africa*. London: Andre Deutsch.

Dutta, B., and B. Ramaswami. 2001. Targeting and Efficiency in the Public Distribution System: Case of Andhra Pradesh and Maharashtra. *Economic and Political Weekly* 36(18): 1524–1532.

Dutta, Puja, Stephen Howes, and Rinku Murgai. 2010. "Small but Effective: India's Targeted Unconditional Cash Transfers." *Economic and Political Weekly* 45 (52): 63–70.

Fields, Gary. 1980. *Poverty, Inequality, and Development*. Cambridge: Cambridge University Press.

Franke, Richard W., and Barbara H. Chasin. 1999. Is the Kerala Model Sustainable? Lessons from the Past, Prospects for the Future. In Oommen, M. A., ed., *Rethinking Development: Kerala's Development Experience, Volume 1*. New Delhi: Institute of Social Sciences, pp. 118–148.

Frankel, Jeffrey, and Andrew Rose. 2002. An Estimate of the Effect of Common Currencies on Trade and Income. *Quarterly Journal of Economics* 117(2): 437–466, May.

Ghate, Chetan, and Stephen Wright. 2008. The "V-factor": Distribution, Timing, and Correlates of the Great Indian Growth Turnaround. Discussion Papers of DIW Berlin 783, DIW Berlin, German Institute for Economic Research. Revised version forthcoming in the *Journal of Development Economics*.

Government of India. 2005. *Report of the National Commission on Macroeconomics and Health.* New Delhi: Ministry of Health and Family Welfare.

———. 2007. *Report on Conditions of Work and Promotion of Livelihoods in the Unorganized Sector.* New Delhi: National Commission for Enterprises in the Unorganized Sector.

———. 2009a. *Nutrition in India: National Family Health Survey (NFHS-3) 2005–06.* Mumbai: International Institute for Population Sciences.

———. 2009b. *Guidelines for Implementation of Works on Individual Land Under NREGA,* January draft. New Delhi: Ministry of Rural Development. Available at http://nrega.nic.in/draft_guidelines.pdf (accessed November 19, 2011).

Gruere, Guillaume P., Purvi Mehta-Bhatt, and Debdatta Sengupta. 2008. Bt cotton and Farmer Suicides in India: Reviewing the Evidence. IFPRI Discussion Paper 00808, October.

Gupta, Poonam, and Arvind Panagariya. 2011a. Rich, Educated, and Criminal? *Times of India,* April 5.

———. 2011b. Crime-Tainted MPs Have Little to Do with Corruption. *Economic Times,* September 21.

———. 2012. Economic Reforms and Election Outcomes. Columbia Program on Indian Economic Policies. In Bhagwati, J., and Arvind Panagariya, eds., *India's Reforms: How They Produced Inclusive Growth.* New York: Oxford University Press, pp. 51–87.

Hasan, Rana, and Karl Robert L. Jandoc. 2012. Labor Regulations and Firm Size Distribution in Indian Manufacturing. In Bhagwati, Jagdish, and Arvind Panagariya, eds., *Reforms and Economic Transformation in India.* New York: Oxford University Press, pp. 15–48.

Hasan, Rana, Devashish Mitra, and Asha Sundaram. 2010. The Determinants of Capital Intensity in Manufacturing: The Role of Factor Endowments and Factor Market Imperfections. Mimeo. New York: Syracuse University.

Hasan, Rana, Devashish Mitra, and Beyza P. Ural. 2006–2007. Trade Liberalization, Labor Market Institutions, and Poverty Reduction: Evidence from Indian States. *India Policy Forum* 3: 70–135.

Haq, Mahbub ul. 1972. Let Us Stand Economic Theory on Its Head: Joining the GNP Rat Race Won't Wipe Out Poverty. *Insight,* January.

Himanshu and Abhijit Sen. 2011. Why Not a Universal Food Security Legislation? *Economic and Political Weekly* 46(12): 38–47.

Hnatkovska, Viktoria, Amartya Lahiri, and Sourabh B. Paul. 2012. Castes and Labor Mobility. *American Economic Journal: Applied Economics* 4(2): 274–305.

Howes, Stephan, and Shikha Jha. 1992. Urban Bias in Indian Public Distribution System. *Economic and Political Weekly* 27(19): 1022–1030.

———. 1994. Public Distribution of Food in India: A Comment. *Food Policy* 19(1): 65–68.

International Institute for Population Sciences (IIPS) and Macro International. 2007. *National Family Health Survey (NFHS-3), 2005–06: India*. Mumbai: IIPS.

Jeffrey, Robin. 1992. *Politics, Women, and Well-Being: How Kerala Became "A Model."* Hampshire: Macmillan Press Ltd.

Jha, Shikha. 1992. Consumer Subsidies in India: Is Targeting Effective? *Development and Change* 23(4): 101–128.

Jha, Shikha, and Bharat Ramaswami. 2011. The Percolation of Public Expenditure: Food Subsidies and the Poor in India and the Philippines. Paper presented at the India Policy Forum Conference, July 12–13, and available at www.ncaer.org/popuppages/EventDetails /IPF_2011/Shikha_Jha&Bharat_Ramaswami.pdf (accessed December 5, 2011).

Kingdon, Geeta Gandhi. 2005. Private and Public Schooling: The Indian Experience. Paper presented at the conference Mobilizing the Private Sector for Public Education, Kennedy School of Government, Harvard University, October 5–6.

Kohli, Atul. 2006. Politics of Economic Growth in India, 1980–2005—I. *Economic and Political Weekly* 41(13): 1251–1259.

Kohli, Rajeev, and Jagdish Bhagwati. 2012. Organized Retailing in India: Issues and Outlook. In Bhagwati, Jagdish, and Arvind Panagariya, eds., *Reforms and Economic Transformation in India*. New York: Oxford University Press, pp. 119–137.

Krishna, Pravin, and Guru Sethupathy. 2012. Trade and Inequality in India. In Bhagwati, J., and Arvind Panagariya, eds., *India's Reform: How They Produced Inclusive Growth*. New York: Oxford University Press, pp. 247–278.

Lamont, James. 2010. Nobel Laureate Attacks India on Growth. *Financial Times,* December 21. Available at www.ft.com/cms/s/0/554 eab3e-0d33–11e0–82ff-00144feabdc0.html#axzz1sDTPdVyV (accessed April 16, 2012).

Marathe, S. S. 1989. *Regulation and Development: India's Policy Experience of Controls over Industry,* 2nd ed. New Delhi: Sage Publications.

Mathew, George. 2001. Amartya Sen and the Kerala "Model." *The Hindu,* January 9.

Mazumdar, D. 2003. Small and Medium Enterprise Development in Equitable Growth and Poverty Alleviation. In Edmonds, Christopher M., ed., *Reducing Poverty in Asia: Emerging Issues in Growth, Targeting, and Measurement.* Chaltenham, UK: Asian Development Bank, Edward Elgar.

Mazumdar, D., and S. Sarkar. 2008. *Globalization, Labor Markets, and Inequality in India.* London and New York: Routledge.

McGregor, Richard. 2010. *The Party: The Secret World of China's Communist Rulers.* New York: Harper, 2010.

Mudaliar, A. Lakshmanaswami. 1961. *Report of the Health Survey and Planning Committee.* Ministry of Health, Government of India.

Mukim, Megha, and Arvind Panagariya. 2012. Growth, Openness, and the Socially Disadvantaged. In Bhagwati, J., and Arvind Panagariya, eds., *India's Reform: How They Produced Inclusive Growth.* New York: Oxford University Press, pp. 186–246.

Mukim, Megha, and Arvind Panagariya. 2013. A Comprehensive Look at Poverty Measures in India. Columbia University, in progress.

Muralidharan, Karthik, and Michael Kremer. 2006. Public and Private Schools in Rural India. Mimeo, Department of Economics, Harvard University.

Nagaraj, K. 2008. Farmers' Suicide in India: Magnitudes, Trends, and Spatial Patterns. Available at www.macroscan.org/anl/mar08/pdf/ farmers_suicides.pdf (accessed December 20, 2011).

National Sample Survey Organization. 1996. *Nutritional Intake in India NSS 50th Round: July 1993–June 1994.* Report No. 405, New Delhi.

———. 2001a. *Nutritional Intake in India 1999–2000: NSS 55th Round (July 1999–June 2000).* Report No. 471 (55/1.0/9), New Delhi.

———. 2001b. *Reported Adequacy of Food Intake in India 1999–2000: NSS 55th Round (July 1999–June 2000)*. Report No. 466 (55/1.0/7), New Delhi.

———. 2006. *Morbidity, Health Care, and the Condition of the Aged: NSS 60th Round (January–June 2004)*. Report No. 507 (60/25.0/1), New Delhi.

———. 2007a. *Nutritional Intake in India 2004–05: NSS 61st Round (July 2004–June 2005)*. Report No. 513 (61/1.0/6), New Delhi.

———. 2007b. *Perceived Adequacy of Food Intake in India 2004–05: NSS 61st Round (July 2004–June 2005)*. Report No. 512 (61/1.0/5), New Delhi.

———. 2007c. *Public Distribution System and Other Sources of Household Consumption 2004–05*. Report No. 510, Ministry of Statistics and Program Implementation, GOI, New Delhi.

Nayyar, Deepak. 2006. Economic Growth in Independent India: Lumbering Elephant or Running Tiger? *Economic and Political Weekly* 41(15): 1451–1458.

Nehru, Jawaharlal. 1946. *Discovery of India*. New Delhi: Penguin Books India, 2004 ed.

Nundy, Madhurima. 2005. Primary Health Care in India: Review of Policy, Plan, and Committee Reports. In Government of India, *Background Papers of the National Commission on Macroeconomics and Health*. New Delhi: Ministry of Health and Family Welfare, pp. 39–42.

Palmer-Jones, Richard, and Kunal Sen. 2001. On Indian Poverty Puzzles and Statistics of Poverty. *Economic and Political Weekly* 36(3): 211–217, January 20.

Panagariya, Arvind. 2004a. Miracles and Debacles: In Defense of Trade Openness. *World Economy* 27(8): 1149–1171, August.

———. 2004b. Growth and Reforms During 1980s and 1990s. *Economic and Political Weekly* 39(25): 2581–2594.

———. 2008a. India: The Emerging Giant. New York: Oxford University Press.

———. 2008b. El Nano: A Perfect Storm. *Economic Times,* September 25.

———. 2009a. Is Anti-incumbency Really Passé? *Economic Times,* May

————. 2009b. The Fall of the Holy Trinity. *Economic Times,* March 26.

————. 2010a. India on the Growth Turnpike: No State Left Behind. In Kochhar, Samir, ed., *India on the Growth Turnpike.* New Delhi: Academic Foundation.

————. 2010b. Raising Investment in Higher Education. *Economic Times,* October 27.

————. 2010c. Pursuing Excellence and Equity. *Times of India,* April 10.

————. 2011a. I Beg to Differ, Professor Amartya Sen. *Economic Times,* February 23.

————. 2011b. Does India Compare Poorly with China on People's Well-Being? *Economic Times,* March 23.

————. (2011c). Trade Openness and Growth Miracles: A Fresh Look at Taiwan. Forthcoming in Heyden, Ken, and Stephen Woolcock, eds., *Ashgate Research Companion to International Trade Policy.* London: Ashgate Publishing Limited.

————. 2011d. Are We Living in a Gilded Age? *Economic Times,* May 19.

————. 2011e. Reforms to the Rescue. *Times of India,* September 8.

————. 2011f. The Problem with the Food Bill. *Economic Times,* December 28.

————. 2011g. The Art of Graft. *Times of India,* May 9.

————. 2012a. Myths About Poverty Lines. *Times of India,* March 30.

————. 2012b. Slew of Reforms: Manmohan Singh Scores a Decisive Victory, Stakes Claim to His Legacy. *Economic Times,* September 19.

————. 2012b. Empowering the Poor: Abandon the Broken Model. *Times of India,* August 25.

Pant, Pitambar. 1962. Perspective of Development, 1961–1976, Implications of Planning for a Minimum Level of Living. Paper originally circulated in August 1962 by the Perspective Planning Division, Planning Commission, and reproduced in Srinivasan, T. N., and P. K. Bardhan, eds., *Poverty and Income Distribution in India.* Calcutta: Statistical Publishing Society.

Parikh, K. S. 1994. Who Get How Much from the PDS—How Effectively Does It Reach the Poor? *Sarvekshana* 17(3): 34.

Planning Commission. 2011. *Report on Universal Coverage for India.* New Delhi: Author.

PROBE Team. 1999. *Public Report on Basic Education in India.* New Delhi: Oxford University Press.

Ranadive, K. R. 1973. Growth and Social Justice: Political Economy of "Garibi Hatao." *Economic and Political Weekly* 8(18): 834–841, May 5.

Rani, Uma, and Jeemol Unni. 2004. Unorganized and Organized Manufacturing in India: Potential for Employment Generating Growth. *Economic and Political Weekly* 39(41): 4568–4580.

Rao, Sujatha. 2012. Long on Aspiration, Short on Detail: Report on Universal Health Coverage. *Economic and Political Weekly* 47(6): 12–16.

Ray, Ranjan, and Geoffrey Lancaster. 2005. On Setting the Poverty Line Based on Estimated Nutrient Prices: Condition of Socially Disadvantaged Groups During the Reform Period. *Economic and Political Weekly* 40(1): 46–56, January 1.

Rodrik, Dani. 1995. Getting Interventions Right: How South Korea and Taiwan Grew Rich. *Economic Policy* 20: 55–107.

———. 2003. Institutions, Integration, and Geography: In Search of the Deep Determinants of Economic Growth. In Rodrik, Dani, ed., *In Search of Prosperity: Analytic Narratives of Economic Growth.* Princeton, NJ: Princeton University Press, pp. 1–19.

Rodrik, Dani, and Arvind Subramanian. 2005. From "Hindu Growth" to Productivity Surge: The Mystery of the Indian Growth Transition. *IMF Staff Papers* 52(2): 193–228.

Sainath, P. 2009. The Largest Wave of Suicides in History. Available at http://85.92.88.218/the-largest-wave-of-suicides-in-history-by -pasainath.pdf (accessed December 20, 2011).

Sanyal, Sanjeev. 2006. Post-liberalization India and the Importance of Legal Reform. www.idfresearch.org/gov_parent/Sanjeev%20 Sanyal%20Indian%20Legal%20Reforms%20Jul06.pdf (accessed December 20, 2011).

Sau, Ranjit. 1972. The "New Economics." *Economic and Political Weekly* 7(31/33): 1571–1573, August (Special Number).

Sen, Amartya. 2011. Growth and Other Concerns. *The Hindu,* February

Sen, Amartya, and James D. Wolfensohn. 1999. Development: A Coin with Two Sides. *The Hindu,* Opinion Section, May 6.

Sharma, Anil. 2009. *Evaluating the Performance of the National Rural Employment Guarantee Scheme.* New Delhi: National Council on Applied Economic Research. Also at www.ncaer.org/downloads/Reports /NCAER-PIFStudyNREGA.pdf (accessed November 19, 2011).

Shiva, Vandana. 2004. The Suicide Economy of Corporate Globalization. Available at www.zcommunications.org/the-suicide-economy-of -corporate-globalisation-by-vandana2-shiva.pdf (accessed December 20, 2011).

Shrivastava, J. B. 1975. *Health Services and Medical Education: A Program for Immediate Action.* Ministry of Health and Family Planning, Government of India.

Singh, Kartar. 1973. *Report of the Committee on Multipurpose Workers Under Health and Family Planning Programs.* Ministry of Health and Family Planning, Government of India.

Sinha, Jayant, and Ashutosh Varshney. 2011. It Is Time for India to Rein In Its Robber Barons. *Financial Times,* Comments and Analysis, January 6.

Srinivasan, T. N. 2005. Comments on "From 'Hindu Growth' to Productivity Surge": The Mystery of the Indian Growth Transition. *IMF Staff Papers* 52(2): 229–233.

Sukumaran, Ajay, and Dilip Bisoi. 2011. Not Too Much of a Stretch. *Financial Express,* July 29.

Svedberg, Peter. 2012. Reforming or Replacing the Public Distribution System with Cash Transfers? Economic and Political Weekly 47(7): 53–62, February 18.

Tanizaki, Junichiro. 1988. *Childhood Years: A Memoir.* Tokyo and USA: Kodansha International. English Translation by Paul McCarthy.

Tarozzi, Alessandro. 2008. Growth Reference Charts and the Status of Indian Children. *Economics and Human Biology* 6(3): 455–468.

Thorat, Sukhdeo, and Amaresh Dubey. 2012. Has Growth Been Socially Inclusive During 1993–94–2009–10? *Economic and Political Weekly* 47(10): 43–53, March 10.

Tooley, James, and Pauline Dixon. Undated. Private Schools Serving the Poor: A Study from Delhi, India. Working Paper, Viewpoint 8, Center for Civil Society, New Delhi.

Topalova, Petia. 2007. Trade Liberalization, Poverty, and Inequality: Evidence from Indian Districts. In Harrison, Ann, ed., *Globalization and Poverty.* Chicago: University of Chicago Press, pp. 291–336.

United Nations. 1975. Poverty, Unemployment, and Development Policy: A Case Study of Selected Issues with Reference to Kerala. New York: UN Publication No. ST/ESA/29.

United Nations Development Program (UNDP). 1990. *Human Development Report.* New York: Oxford University Press.

Wade, Robert. 1990. *Governing the Market: Economic Theory and the Role of the Government in East Asian Industrialization.* Princeton, NJ: Princeton University Press.

Wallack, Jessica. 2003. Structural Breaks in Indian Macroeconomic Data. *Economic and Political Economy* 38(41): 4312–4315.

Weisskopf, Thomas E. 2011, November 19. Why Worry About Inequality in the Booming Indian Economy? *Economic and Political Weekly* 46(47): 41–51.

Wolfensohn, James, and Joseph Stiglitz. 1999. Growth Is Not Enough. *Financial Times,* Comments and Analysis, p. 22, September 22.

World Bank. 1999. Annual Review of Development Effectiveness: Toward a Comprehensive Development Strategy. Operations and Evaluation Department.

World Health Organization (WHO). 2011. World Health Statistics 2011. Available at www.who.int/gho/publications/world_health _statistics/2011/en/index.html (accessed December 19, 2011).

图书在版编目（CIP）数据

增长为什么重要：来自当代印度的发展经验／（美）巴格瓦蒂，（美）帕纳格里亚著；王志毅译. —杭州：浙江大学出版社，2015.8

（印度译库）

书名原文：Why Growth Matters: How Economic Growth in India Reduced Poverty and the Lessons for Other Developing Countries

ISBN 978-7-308-14782-8

Ⅰ．①增… Ⅱ．①巴… ②帕… ③王… Ⅲ．①经济发展－研究－印度 Ⅳ．①F135.14

中国版本图书馆 CIP 数据核字（2015）第127630号

增长为什么重要：来自当代印度的发展经验

[美] 贾格迪什·巴格瓦蒂　阿尔温德·帕纳格里亚 著　王志毅 译

责任编辑	叶　敏
文字编辑	宋先圆
装帧设计	卿　松
出版发行	浙江大学出版社
	（杭州天目山路148号　邮政编码310007）
	（网址：http://www.zjupress.com）
排　　版	北京大观世纪文化传媒有限公司
印　　刷	北京中科印刷有限公司
开　　本	710mm×1000mm 1/16
印　　张	13.5
字　　数	200千
版 印 次	2015年8月第1版　2015年8月第1次印刷
书　　号	ISBN 978-7-308-14782-8
定　　价	45.00元